住民に身近だからこそ輝く自治の軌跡

全国小さくても輝く自治体フォーラムの会
自治体問題研究所
編

自治体研究社

発刊にあたって

本書の発刊にあたり、「全国小さくても輝く自治体フォーラムの会」を代表してご挨拶申し上げます。

「全国小さくても輝く自治体フォーラム」は、自律（立）をめざす小規模自治体の維持と発展を図ることを目的とする交流の場です。自然条件や暮らし、歴史・文化、伝統といった、それぞれ異なる地域固有の特色を持ったさまざまな自治体の皆様が参加しています。

かつて強い政治力のもとで行われた「平成の大合併」は、国内各地に大きな傷跡と反省を残しました。その一方で、令和となった今も、町・村は日本の面積の半分弱をカバーし、国土の保全と環境の維持に努め、小規模ゆえの住民との距離の近さを活かしたさまざまな地域づくりを積極的にすすめています。

都市部も含め全国的に人口減少・少子高齢化をはじめとするさまざまな課題がある中で、小規模自治体では、常にいかにして持続可能な住民満足度の高い地域にできるかということを考えながら仕事を行っています。地域の実情は違っていても、豊かで多様な価値観を背景とする住民の暮らしを守っている小規模自治体の取り組みは、それぞれの自治体にとって必ずやまちづくりのお手本となるものです。

「フォーラムの会」では、小規模自治体のメリットを十分に活かし、市町村合併などの規模を求めず、小さな自治体だからこそできる住民主体のまちづくりについて、全国のより多くの皆様と情報交換をしたいと考えております。本書が、小規模自治体が持つ魅力の更なるアピールにつながるとともに、自治体間において互いの取り組みを紹介し刺激し合うきっかけとなっていただければ幸いです。

近年、徹底した合理主義、競争主義の影響により疲弊した地域社会においては、人間本来の文化として育んできた相互扶助の精神のもと、地域全体で支え合い助け合いながら、地域に根ざし、自然との共生を図り、「モノ」の豊かさよりも「心」の豊かさを大切にした生活を求める声が大きくなっています。

まさにこうした声に応えることが、小規模自治体の役割であると考えています。経済至上主義の都市部だけでは、物理的にも精神面でも人々の安定した生活というものは成り立ちません。周囲で都市部を支える農山漁村の基盤がしっかり確立されるとともに、豊かな自然環境や歴史文化を保存・継承していくことが、都市と地方の共存共栄の実現に向けて不可欠であります。今後も「フォーラムの会」が中心となって、精いっぱい活動を実践して参る所存でありますので、ご支援を賜りますようよろしくお願い申し上げます。

結びに、地方自治に造詣の深い先生方のご指導のもと、小さな町村の活動に光をあて、豊かな地域社会をめざし自らの責任と役割を果たしている取り組みを紹介する本書を発刊できましたことに感謝を申し上げます。

二〇二四（令和六）年四月

全国小さくても輝く自治体フォーラムの会　会長　**小坂泰久**

目次

目　次

第一部　「平成の合併」から二五年目の検証

第一章　「平成の合併」とは何だったのか
――合併特例法改正から二五年目を迎えて――

平岡和久

「集落というのは、同じような生き方、希望、文化、そういうものを持っている者の間に自然発生的にできるものであって、ここが近いから一緒になれ、などと無理やりくっつけてもうまくいくものではない。

市町村合併は、それをしようとしているということです。合併を推進する人たちは、財政力が乏しくなるから、同じサービスをするために効率よくやらねばならない、という。しかし、効率とか財政力を言う前に、自治権という、一緒に語り合って、力を合わせて一緒にやろうということを考える方が先なのだと思います」（黒澤丈夫へのインタビュー、上毛新聞社編、二〇一二、一五三頁）

これは、第一回小さくても輝く自治体フォーラムの呼びかけ人の一人である故黒澤丈夫氏（元上野村村長）の言葉です。「平成の合併」は小規模自治体の自治を喪失させるものでした。編入合併であれ、対等合併であれ、自治権を持った小規模自治体の数が大きく減少したのです。このことは日本の地方自治にとっても、また小規模自治体が多く存立してきた日本の農山漁村にとっても大きな損失であったと言わねばなりません。

本章では、一九九九（平成一一）年の合併特例法改正から二五年を経た現在において、「平成の合併」とは何だったのかをあらためて振り返り、小規模自治体の自治を守り、発展させることの意義を再確認します。

第一節　「平成の合併」から現在までを振り返る

一　政府による「平成の合併」推進と「西尾私案」

一九九九（平成一一）年の合併特例法改正によって合併特例債や交付税の合併算定替などの財政誘導措置が創設・拡充され、「平成の大合併」の本格的な推進がスタートしてから、二五年が過ぎました。当初は地方分権改革の一環として、分権の「受け皿」となる規模と能力を備えた自治体となるよう自主的合併が推進されました。しかし、二〇〇一（平成一三）年、小泉内閣の成立以降、自主的合併論から「強制」合併論への変化が起こります。市町村合併は「官から民へ」を掲げた「構造改革」の一環として位置づけられ、政府与党が国策としての市町村合併を推進することになったのです。小泉内閣は、国から地方へ、さらに民間へという流れで、国と地方をつうじた「小さな政府」を実現させるための条件整備として市町村合併を強力に推進したのです。そこでは一〇〇〇自治体への統合を目標にしていました。

小規模自治体に対する地方交付税の割増し算定である段階補正の見直しも二〇〇二年度から進められました。そうしたなかで、二〇〇二（平成一四）年十一月、地方分権改革をリードしてきた行政学者である西尾勝氏による私案（いわゆる「西尾私案」）が出されました。「西尾私案」は、新たな法制度を導入することより、人口が一定規模以下の自治体の事務権限を大幅に縮小する「特例町村」案や、同じく人口が一定規模以下の自治体を近隣の自治体の「内部団体化」させる「自動合併」案を内容としていました。「西尾私案」において基準となる人口は明示されませんでしたが、自民党のプロジェクトチームは具体的に一万人という基準を例示しました。こうして小規模町村への「脅し」によって合併へと追い立てる効果が狙われたのです（平成の合併の背景や「西尾私案」については、岡田知弘・京都自治体問題研究所、二〇〇三を参照）。

都道府県は市町村合併推進の「執行機関」としての役割を担いました。多くの都道府県は合併の組み合わせ案を示したり、独自の財政支援措置を講じるなどして合併を推進しました。

「西尾私案」に抗して二〇〇三（平成一五）年二月、長野県栄村において第一回小さくても輝く自治体フォーラムが開催されました。また、長野県内において、政府の市町村合併推進に批判的な知事のもとで、財政的締め付けのなかでも非合併を貫くための「自律（自立）プラン」づくりが進められました。

小さくても輝く自治体フォーラムなどの小規模自治体の自律・自立の運動のなかで政権の目標を達成できず、市町村合併推進は二〇一〇（平成二二）年に区切りとなりました。「平成の合併」によって市町村数は一九九九（平成一二）年三月末の、三二三二から二〇一〇（平成二二）年三月末の一七二七に減少しましたが、合併によらず小規模自治体の自治を維持したケースが多くみられました。

二　道州制の推進

「平成の合併」推進とともに目指されたのが道州制でした。第一次安倍政権において二〇〇七（平成一九）年一月、内閣府に道州制ビジョン懇談会が設置されるとともに、六月には自民党道州制調査会の「道州制に関する第二次中間報告」が出されます。自民党の道州制構想は地方交付税を廃止し、道州の財政的自立を図る究極の地方リストラをねらうものでした。さらに国の事務を極力限定し、国家機能を集約・強化することを目指そうというものです。道州制が導入され、地方交付税が廃止されれば小規模自治体の存立基盤が失われることになります。

その後、政権交代によってストップしていた道州制への動きが第二次安倍政権において再び出てきます。二〇一二（平成二四）年九月、自民党道州制推進本部が「道州制基本法案（骨子案）」を公表しました。しかし、全国町村会や全国の町村議会の数多くの反対決議などのなかで自民党は道州制推進基本法案の国会提出を見送り、二〇一八（平成三〇）年には自民党道州制推進本部が廃止されます。

道州制推進が後退するなかで、地方創生政策や自治体戦略二〇四〇構想における「圏域行政」制度化・「二層制の柔軟化」の構想が前面に出てきます。

三　小規模自治体への段階補正の一定の復元と合併自治体への財政措置の拡充

合併推進のための「ムチ」として機能した過去の段階補正の大幅な縮減による小規模自治体財政への影響が大きかったことから、二〇一〇年度に段階補正が七〇〇億円程度復元されます。また、地方財政計画の特例枠が創設され、小規模な農山村自治体に傾斜配分されることとなり、非合併小規模自治体の財政はその後改善されていきました。

一方、政府の強引な合併推進によって合併した自治体の財政難が問題となり、それに対して政府の合併自治体への財政措置の手直しが必要となりました。ひとつは合併算定替の特例期間の終了を見据えて、一本算定の際に従来の合併算定替による割増し分九五〇〇億円程度の約七割分（六七〇〇億円程度）の財源保障を行うこととしました。合併自治体の交付税算定において二〇一四年度から五年程度かけて支所経費の加算や消防費・保健衛生費・清掃費・小中学校費などにおける標準団体の経費見直しおよび密度補正の充実などによって合併算定替による割増し分の約七割に相当する財政需要をカバーすることになったのです（宮入、二〇一五、および、町田、二〇一六、参照）。

もうひとつは合併特例債の期限の延長です。まず東日本大震災を契機として、二〇一二年法改正で合併が行われた年度およびこれに続く一〇年間であった合併特例債の発行期限が一五年間（東日本大震災の被災自治体は二〇年間）に延長されました。続いて熊本地震を契機として、二〇一八年法改正では二〇年間（東日本大震災の被災自治体は二

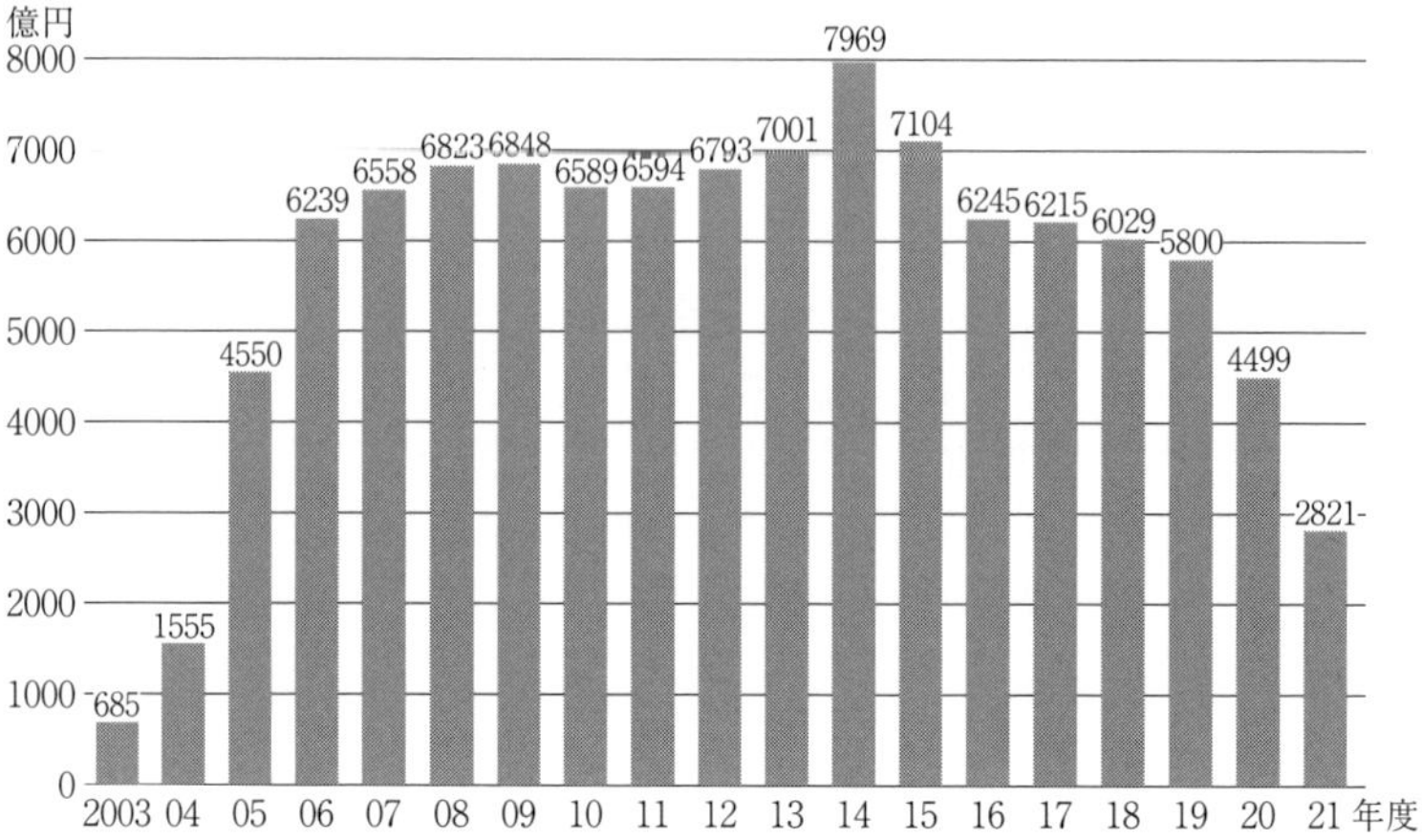

図１－１　市町村の旧合併特例事業債発行額の推移

五年間）へと再延長されました。

図１－１は市町村の旧合併特例事業債の発行額の推移をみたものです。二〇〇四年度および二〇〇五年度に合併した自治体において、合併特例債を一〇年間で上限枠まで発行することは、いくら有利な地方債であっても、後年度の財政負担増になるため、多くの合併自治体では合併特例事業の計画の見直しを迫られました。二〇一二（平成二四）年に合併特例債の期限が一五年に延長され、二〇〇四年度に合併した自治体は二〇一九年度まで発行可能となることから、二〇〇六年度から二〇一九年度まで発行額は一定の水準を維持しています。その後、二〇二〇年度、二〇二一年度と発行額は減少しています。現在では発行期限がさらに五年間延長されていますが、全体として合併特例債の発行は収束に向かっているといえます。

四　地方創生政策の展開

第二次安倍政権下における地方創生政策は、人口減少下において財政再建と経済成長の二兎を追うため、「集約化」と「活性化」を同時に進めることを自治体に求めるものでした。

まちづくりをつうじた行財政合理化は、連携中枢都市圏、コンパクトシティ、公共交通網の再編、公共施設再編などによって進められました。

地方創生政策では事実上の人口目標を設定しましたが、成果はあがらず、むしろ少子化と人口減少が加速しました。

五　自治体戦略二〇四〇構想

地方創生政策の地方行財政合理化策をさらに推し進めたのが総務省の研究会が打ち出した「自治体戦略二〇四〇構想」でした。この構想はデジタル化を背景として行政サービスの標準化・共通化による「スマート自治体」への転換を進めるとともに、各地域の定住自立圏や連携中枢都市圏を基本に中心都市がマネジメントを担う「圏域行政」を制度化することを目指すものでした。これらによって市町村合併と同様な行財政の合理化を実現しようというのです。

「圏域行政」の制度化は地方団体からの批判もあり、足踏み状態となりましたが、それに代わって行政と社会のデジタル化が前面に出てくることになります。

六　デジタル化の推進と地方自治の危機

行政と社会のデジタル化はＳｏｃｉｅｔｙ５・０への基盤づくりとしてデジタルガバメント、行政データのオープン化、ＰＰＰ／ＰＦＩを進め、公共サービス産業化による経済成長をめざすものです。

岸田内閣においてデジタル田園都市国家構想が策定されましたが、それはこれまでの地方創生政策をデジタル化を組み込んで再編するものです。デジタル田園都市国家構想交付金等の地方財政措置が講じられ、自治体は地域ビジョンを再構築し、地方版総合戦略を改訂することを求められました。デジタル化の条件整備として、マイナンバーカードの利活用の拡大、民間のサービス利活用のためのデータ連係基盤の構築が重視され、自治体はデジタル化改革に巻き込まれていきます。政府の新型コロナ禍への対応のまずさもデジタル化推進の理由の一つとされました。

デジタル化や災害は集権制への政治行政の動きを強めます。政府のデジタル行財政改革会議の検討では、たとえば主に市町村の事務である子育て・児童福祉分野において、国が「子育て支援制度レジストリ」を整備し、民間の子育てアプリと連携可能にすることや、保育に関する全国共通データベースを整備し、データ連携に基づく新たな業務を開始するといった内容が報告されています。また、二〇二四（令和六）年三月一日、第三三次地方制度調査会答申を受けて地方自治法改正案が閣議決定されましたが、その内容は、個別法の規定がなくとも国が自治体に「補充的指示」を出すことを可能とするといったものであり、地方自治を侵害するものです。「平成の合併」の一区切りから一〇数年経った現在、小規模自治体のみならず地方全体がデジタル集権制と地方自治の危機に直面しているのです。

第二節　「平成の合併」から二〇数年時点での検証に関するレビュー

すでに全国小さくても輝く自治体フォーラムの会（二〇一四）における加茂利男論文によって、「平成の合併」の検証を行った研究の紹介が行われています。また、特定の地域を対象とした合併検証も行われており、たとえば石川県白山市を対象とした横山他（二〇一五）や兵庫県篠山市（現・丹波篠山市）を対象として柏原（二〇一四）などがあります。その後の研究のなかでも包括的な検証を行っているのが嶋田（二〇一八）です。また、財政に関しては宮崎毅や小泉和重らの一連の研究が参考になります。以下では、その他の研究も踏まえ、自治体行財政と地域の社会人口動態に焦点を当てて検討しましょう。

一　行財政の効率化をめぐって

まず、合併が自治体規模の拡大をつうじて財政効率化と財政基盤の強化をねらったにもかかわらず、それはかならずしも達成されなかったという見方について検討しましょう。宮崎毅（二〇一八）によれば、一九九六年度から二〇一五年度の決算データからみて、平成の合併から一〇年以上を経過して、合併自治体の歳出総額や人件費は費用削減効果が進んでおらず、非合併自治体にくらべて一人当たり費用が高い状態で推移しています。また、小泉（二〇二一a）によれば、人口三万人台の合併自治体を合併自治体と二〇一八年度決算で比較すると、合併自治体は一人当たり歳出額が大きく、財政力指数は低くなっていました。その要因として、非合併自治体が都市化の度合いが高いのに対して合併自治体は過疎地域に指定されているケースが多く、一次産業の割合が大きく、面積も広いといった地域事情が影響していると考えられます。つまり、「規模の経済」による財政効率化以外の要因が大きく影響しているると考えられるのです。こうした地域で合併を進めても都市化の度合いが高い自治体の水準にまで一人当たり財政需要を抑制することはできないのです。

一方で、合併自治体において財政規律が弛緩したため、歳出効率化が十分に進まなかったことも指摘されています。その主な要因は合併特例債と合併算定替です。合併特例債という有利な地方債の発行が認められることによって投資的経費が増大し、合併算定替によって合併前の旧自治体単位で基準財政需要額を算出することで交付税総額が保障されるので、歳出効率化が進まなかったということです。そのことに関わって、これらの財政規律の弛緩による要因を除けば、合併による歳出抑制効果が認められるのであり、時間の経過とともに最終的には合併特例債などによる歳出増の影響は吸収されるという見方もあります（立岡、二〇二二）。

しかしこうした見方には留保が必要です。第一に、「平成の合併」はこれまでにない広域的な自治体を創出したことから支所等の経費や職員移動の経費など財政需要が増大することです。「密度の経済」の観点からいえば財政効率はマイナスに働くのです。この点は時間の経過によって解消されるものとは考えられません。そのため、合併自治体の交付税算定において合併算定替による割増し分の約七割に相当する財政需要をカバーすることになったのです。第二に、合併特例債によって整備した道路、下水道、文化施設等の公共施設は経常的な維持管理費の増加をもたらします。特に中山間地域に下水道整備を拡大することによる財政負担増は大きいものがあります。この点も時間の経過によって容易に解消されるとは考えにくいでしょう。一方、中山間地域を含む広域合併がなければ下水道整備でなく合併浄化槽の整備を進めることによって財政負担を抑制できた地域もあったとおもわれます。

二　公共サービスと公共施設への影響

次に、合併による公共サービスや公共施設への影響に関する問題をみましょう。一次産業の割合が大きく、面積も広い過疎地域を含む合併などのケースで行財政合理化が進められれば公共サービスの質に影響することが考えられます。なかでも合併自治体において学校統廃合が進められたことによって、通学距離が長くなり、スクールバスへの依存が増しています。宮崎悟（二〇一六）によれば、二〇〇四年度および二〇〇五年度に合併を行った地域と非合併地域を比べると公立小学校の統廃合が生じた割合は合併地域の方が高くなっていました。なお、学校統廃合は必ずしも財政効率化につながるとは限りません。小規模山村自治体における学校統廃合を検討した小泉（二〇二二）によれば、学校統廃合による経常費の減少は物件費の増加が影響し、小幅であり、コスト削減効果は小さいものでした。物件費の増加の要因としてスクールバスの委託費等が考えられます。中山間地域等において、歩いて通える公立小学校がなくなり、スクールバスで通学する状況は、児童にとって大きな負担になります。それだけでなく、学校を失う地域コミュニティの崩壊を促進するものです（若林、二〇一二）。

三　社会人口動態への影響

合併の社会人口動態への影響については、宮崎毅（二〇一九）によれば、一五歳未満人口比率および一五―六四歳人口比率は非合併市町村より合併市町村における減少幅が大きく、合併市町村では少子高齢化がより進んでいると考えられます。また、懸念されていた合併自治体における周辺部の衰退に関しては、日本弁護士連合会の調査によると、二〇〇〇（平成一二）年時点で人口四〇〇〇人未満の町村で、人口規模や産業構造が類似し、隣接した合併町村と非合併町村について、全国四七組、九四町村を二〇〇〇（平成一二）年から二〇一五（平成二七）年までの変化を比較したところ、四七組中四三組で合併町村の方が非合併町村より人口減少率が高く、高齢化の進捗率も四七組中四一組で合併町村の方が高いという結果でした（日本弁護士連合会、二〇一九、および、小泉、二〇二〇、を参照）。

また、小池（二〇二二）によれば、非大都市圏のなかで県庁所在都市以外の地域を対象とした一九八〇（昭和五五）～二〇二〇（令和二）年における「中心地域」と「周辺地域」の自然増減率と社会増減率をみると、いずれも二〇一〇（平成二二）年以前と比して二〇一〇（平成二二）年以降、両地域の較差が拡大しています。つまり「中心地域」と比べて「周辺地域」の自然減・社会減の速度が速い状況になっています（小池の研究の詳細な分析内容については、今後、論文が発表されることが期待されます）。合併による「周辺」化した地域の衰退の加速化がデータとしても確認されるようになったのです。

合併を検証した諸研究からは、小規模自治体において合併に参加せず非合併を貫くことが、過疎化の進行を遅らせ、公共サービスの質を確保しながら地域を維持するうえで重要な条件であったことがうかがえます。

第三節　小規模自治体の自律・自立から「小さいからこそ輝く自治体」へ

一　小規模自治体の財政の現状

小規模自治体の財政の現状について、二〇〇〇（平成一二）年国勢調査において四〇〇〇人未満でかつ非合併の一四四の小規模町村の財政に関する研究として、小泉（二〇二一）があります。小泉論文は二〇一八年度決算を検討しており、その要点を筆者なりに解釈すると以下のとおりです。非合併小規模町村は平均的に財政力指数が低いが、実質収支比率は高く、実質収支の一定の黒字を維持しています。また財政の硬直度を表わす経常収支比率は低く、標準財政規模に対する実質的な公債費の比率である実質公債費比率は低い水準にあります。段階補正の縮小や三位一体改革による交付税抑制のなかで財政を維持した要因として、人件費や普通建設事業費の抑制、地方債の発行抑制にともなう公債費の抑制があります。一方、物件費、扶助費、補助費等が増加しましたが、二〇一〇年度以降、段階補正の一定の復元があり、またリーマンショックに対する経済対策によって基準財政需要額の積増しが行

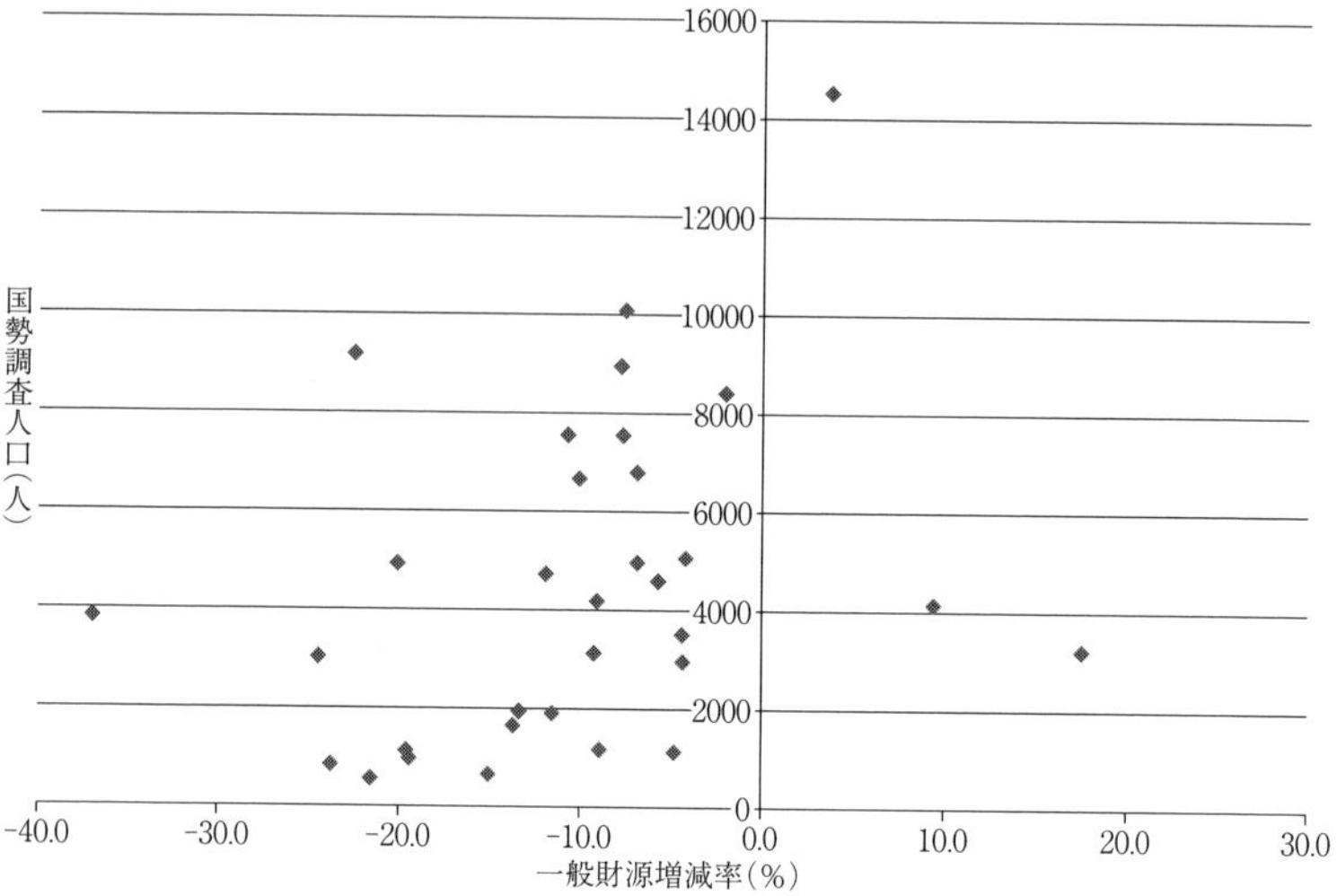

図1－2　長野県内村の一般財源増減率（2001～2011年度）×2010国勢調査人口

われたことが小規模自治体の財政維持に役立ったのです。

次に中山間地域であり、非合併の村が多い長野県の村の財政をみておきましょう。図1－2は長野県内の非合併の三二村の一般財源収入の二〇〇一年度から二〇一一年度の一〇年間の増減率をみたものです。村によってばらつきがあるものの平均すると約一〇%減となっており、小規模自治体財政に対する国の財源保障抑制の影響をみることができます。一方で財政指標をみると、実質収支比率の平均は二〇〇一年度の五・六%から二〇一一年度の八・九%に、実質公債費比率は二〇〇五年度の一七・四%から二〇一一年度の一〇・七%にと、むしろ大きく改善しています。経常収支比率をみると二〇〇一年度の平均七四・八%から段階補正の縮小や三位一体改革の影響から二〇〇五年度の平均八〇・七%に上昇しましたが、歳出削減努力によって上昇幅が抑えられています。その後、二〇一一年度の平均は七七・五%と低下しています（表1－1参照）。

図1－3は同じく三二村の一般財源収入について二〇一一年

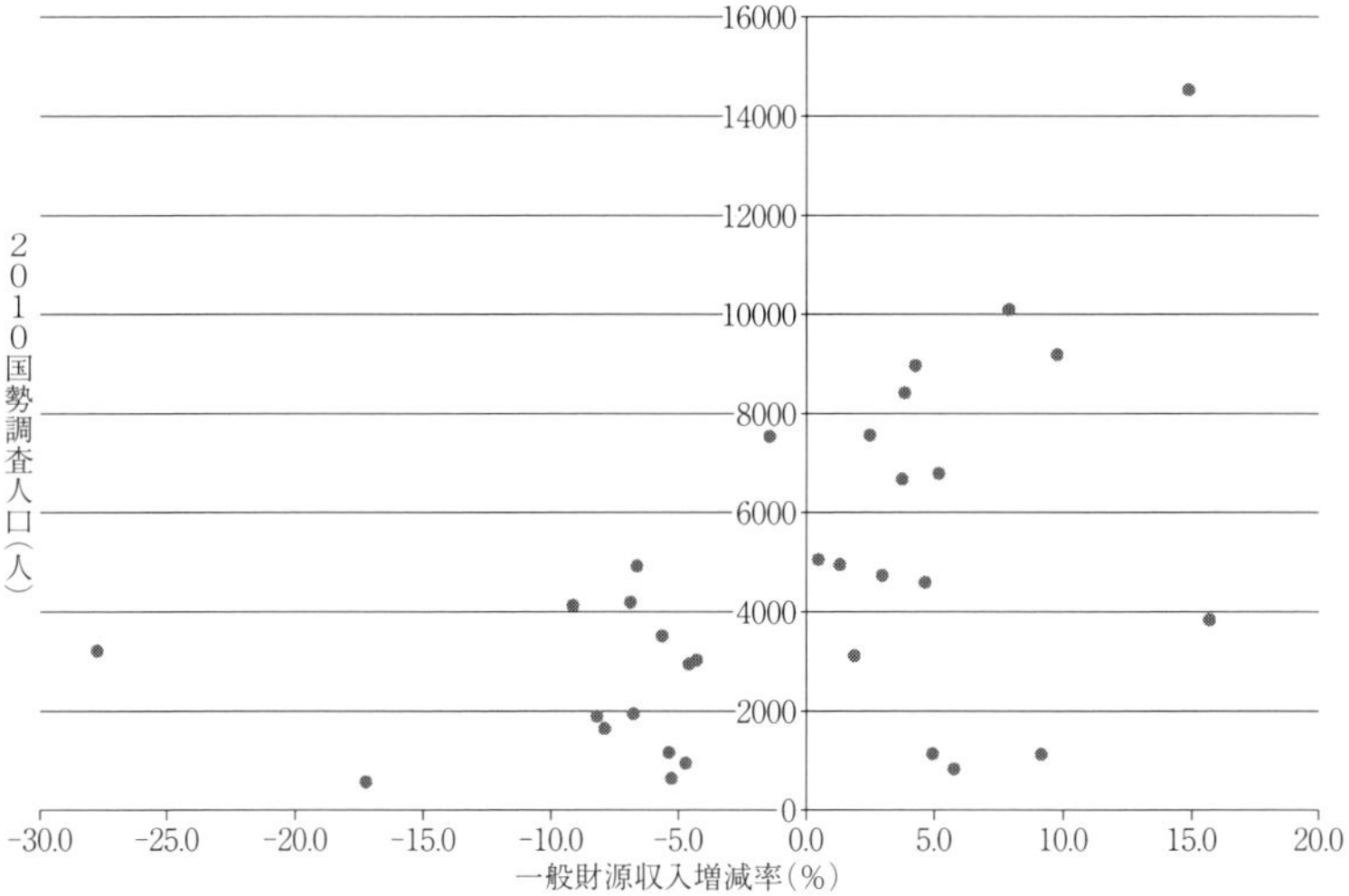

図1-3　長野県内村の一般財源増減率（2011～2019年度）×2010国勢調査人口

表1-1　長野県内の非合併32村の財政指標平均値

	2001年度	2005年度	2011年度	2019年度
実質収支比率	5.6	6.5	8.9	8.4
実質公債費比率	—	17.4	10.7	6.0
経常収支比率	74.8	80.7	77.5	80.8

度から二〇一九年度までの八年間の増減率をみたものですが、過半数の村がプラスとなっており、平均するとマイナス一%未満となっています。二〇一九年度の財政指標をみると実質収支比率は平均八・四%と高い水準を維持しており、実質公債費比率は平均六・〇%と二〇一一年度からさらに大幅に改善しています。経常収支比率をみると、二〇一九年度の平均は八〇・八%と二〇一一年度平均よりやや上昇していますが、全体として健全度を保っています（表1－1参照）。

二　長野県泰阜村の自律プランを振り返る

次に小規模自治体の自律・自立の取り組み事例として長野県泰阜村を取り上げてみましょう。泰阜村は南信州地域に位置する人口一五三一人（二〇二三年一月一日現在）、面積六五㎢の山村です。平岡（二〇二〇）では泰阜村の「自律プラン」（二〇〇三年九月策定）の検証を行っています。その概要をその後のデータで補足しながら紹介すると、以下のとおりになります。

まず人口推計では二〇〇三（平成一五）年の人口二一五九人に対して二〇一三（平成二五）年の推計人口一九三五人としました。泰阜村の当時の財政状況は悪く、二〇〇一年度の実質公債費比率二八・二でした。財政推計については、交付税マイナス一七％等を想定し、二〇一二年度における一般財源を約一二・五億円と想定しました。そのうえで歳出削減方針として、役場機構・事務体制の見直し、職員等における人件費削減、事業・補助金の見直しを行うこととし、一方、在宅福祉の主要な独自施策については削減せず、継続することにしました。

自律プランに対して実際はどうなったでしょうか。まず、自律プランの見通しと比べて人口はより減少しました（二〇一三年の推計一九三五人に対して実際には一八一五人）。一般財源は自律プランにおける見通しと比べて多く確保されました。二〇一二年度の一般財源は自立プランの推計一二・五億円に対して、実際は一五・二億円でした。

そのため、歳出の見直しは自律プランと比べると緩やかなものでした。第一に、職員数は二〇一二年度の四一人へと計画どおり八人減となりましたが、二〇一三年度には四三人と二人増となりました。第二に、人件費以外の村単独事業・補助金等については、学校、保育所および診療所に関しては統合によって歳出削減が行われ、スクールバス等の民間委託も実行されました。一方、村づくり、福祉、医療給付、生涯学習等の事業や補助金は当初の計画と異なり、実際には多くを継続しました。

財政状況をみると、二〇一三年度の実質収支比率は一三・三、実質単年度収支は二〇〇九年度から二〇一三年度まで五年間連続でプラスとなり、また、実質公債費比率は二〇〇一年度の二八・二から二〇一三年度の一〇・五へと大幅に改善されました。泰阜村は厳しい財政状況から他自治体並の財政状況まで改善しつつ、在宅福祉をはじめとした村独自の事業・サービスを継続したのです。

次に、二〇一三年度以降の状況を確認しておきましょう。まず人口減少は歯止めがかからず、二〇一三年度以降の人口減少速度はそれまでよりやや早くなっていますが、人口減は主に自然減によるものであり、社会減には歯止めがかかりつつあります。人口動態調査によると二〇二一（令和三）年は三一人の自然減、三人の社会増、二〇二二（令和四）年は三〇人の自然減、三人の社会増となっています。財政指標をみると、二〇一九年度の実質収支比率は一三・九、実質公債費比率は八・一、経常収支比率は七四・〇と健全度を確保しています。職員数は二〇二二（令和四）年四月一日現在で三九名となっています（村資料による）。

泰阜村は長年、地元に根付いたＮＰＯ法人グリーンウッド自然体験教育センターと協力しながら山村留学や夏のキャンプなどが取り組まれ、現在、学びをつうじた関係人口の創出によって注目されており、ＮＰＯ法人は数々の賞を受賞しています。村の教育力が田園回帰の具現化につながりつつあります。こうした取り組みは、小さいからこそ輝く小規模自治体の存在意義を示す典型的な例になっています（辻、二〇二一、参照）。

三　小規模自治体の存在意義と将来展望

合併自治体の状況が示すことは、農山漁村の小規模自治体が無理に合併に取り込まれれば、公共サービスの質が低下し、地域の持続可能性が掘り崩されることです。小規模自治体は人口減少、職員確保の困難性、公共施設関係の財政負担増などに直面していますが、自治体を存続させ、地域に住み続けることへの「誇り」を失わない限り、維持可能であり、それだけでなく、田園回帰の流れにみられるように、農山漁村の小規模自治体の存在意義が高まっていることがあります。もちろん、小規模自治体の存在意義を発揮するには、産業づくり、人づくり、生活条件づくりといった内発的発展への努力が欠かせませんが、本書では小規模自治体の優れた取り組みがいくつか紹介されています。

最後に、小規模自治体の将来展望として、以下の点を指摘しておきます。第一に、「農村的生活様式の今日における再生」（保母、二〇一三：一五一）に関わる地域づくりです。農村は地域資源をできる限り地域内で循環させながら自然と共生する生活様式が適しています。そのことに関連して、社会資本のあり方をみると、分散居住の農山村に長距離導水、公共下水道、二車線道路などは適さない場合があるとともに、財政の持続可能性を低下させます。山田・平岡（二〇二〇）では、下條村の全村合併処理浄化槽の普及、生活道・水路などの地域住民による整備に対する建設資材支給事業、分散型の水源の活用と地域共同管理といった事例を紹介しています。エネルギーに関しても、小規模自治体において木質バイオマスや小水力など地域分散型の再生可能エネルギーの活用と自給を図る取り組みが進んでいます。第二に、自主的な自治体間連携です。この点は第二章で詳しく検討されますが、自治体間連携にあたっては、農山漁村の独自性を考慮し、自然と共生した地域循環型の地域づくりに資するような取り組みが求められる点を指摘しておきます。

参考文献

岡田知弘・京都自治体問題研究所編（二〇〇三）『市町村合併の幻想』自治体研究社
柏原誠（二〇一四）「合併後一五年を経過した兵庫県篠山市―合併算定替え終了と『篠山再生計画』のゆくえ」『住民と自治』二〇一四年六月号
加茂利男（二〇一四）「『平成の大合併』自治の視点からの検証」全国小さくても輝く自治体フォーラムの会・自治体問題研究所編『小さい自治体　輝く自治』自治体研究社
小池司朗（二〇二二）「平成の大合併」前後における旧市町村別の人口動態『日本地理学会発表要旨集』二〇二一a
小泉和重（二〇一九）「平成合併後の小規模自治体の人口変化と財政」『自治総研』第四八五号
小泉和重（二〇二〇）「旧町村で加速した人口減少と高齢化―平成合併の検証」『自治実務セミナー』第六九二号、二〇二〇年二月号
小泉和重（二〇二一a）「平成合併後の小都市財政―人口三万人適正化論の実際―」『自治総研』第五一一号
小泉和重（二〇二一b）「平成合併後の地方財政：非合併小規模町村を対象に」『アドミニストレーション』第二八巻第一号
小泉和重（二〇二二）「小学校統廃合の財政問題と廃校舎の利活用―小規模山村自治体を対象に」『アドミニストレーション』第九巻第一号
上毛新聞社編（二〇一二）『誇りについて　黒澤丈夫の遺訓』上野村

嶋田暁文（二〇一八）「「平成の大合併」の総括的検討」『地方自治ふくおか』第六四号
全国小さくても輝く自治体フォーラムの会・自治体問題研究所編（二〇一四）『小さい自治体　輝く自治』自治体研究社
立岡健二郎（二〇二一）「平成の市町村合併の検証を試みる―市町村の能力強化・効率化は実現されたのか」『ＪＲＩレビュー』第七巻九一号
辻英之（二〇二一）「小規模自治体×自然学校ＮＰＯの挑戦―今こそ教育立村へ」朝岡幸彦・山本由美編『「学び」をとめない自治体の教育行政』自治体研究社
中澤克佳・宮下量久（二〇一六）『平成の大合併の政治経済学』勁草書房
日本弁護士連合会（二〇二〇）「第三二次地方制度調査会で審議中の圏域に関する制度についての意見書」二〇二〇年三月
平岡和久（二〇二〇）『人口減少と危機のなかの地方行財政』自治体研究社
保母武彦（二〇一三）『日本の農山村をどう再生するか』岩波書店
町田俊彦（二〇一六）「平成大合併の帰結と合併特例措置の『実質的』延長」『専修大学社会科学研究所月報』第六三五号
宮入興一（二〇一五）「『平成の大合併』における自治体財政への影響と自治体再編」『地域経済学研究』第三〇号
宮崎悟（二〇一六）「市町村合併と公立小学校の統廃合との関係の再検討―複数要因を考慮した市町村データに基づく分析―」『国立教育政策研究所紀要』第一四五集
宮崎毅（二〇一八）「市町村合併と費用削減効果の検証」『計画行政』第四一巻第二号
宮崎毅（二〇一九）『平成の大合併の経済評価―合併の背景、動機、長期的影響―』三菱経済研究所
山田明・平岡和久（二〇二〇）「社会資本と都市・農村」森裕之・諸富徹・川勝健志編『現代社会資本論』有斐閣
横山壽一ほか（二〇一五）『平成合併を検証する：白山ろくの自治・産業・くらし』自治体研究社
若林敬子（二〇一二）『増補版　学校統廃合の社会学的研究』御茶の水書房

第二章　小規模町村の自治体間連携
——「圏域行政」と異なる「圏域自治」とは——

水谷利亮

はじめに

雪の降る長野県栄村での第一回小さくても輝く自治体フォーラムに集った、自治の志を同じくする小規模町村によるその後の連携と運動が、全国町村会の活動と相俟って、国や総務省などによる構造改革としての「大合併」政策を押し返して、今日、個別の特色ある小規模町村における多様な政策実践に少なからずつながっていると思われます。小規模町村同士の緩やかな自治体間連携が、国の押し付け政策に対して「抑制」機能を発揮しているとも考えられます。

地方自治には、「抑制」「媒介」「参加」といった三つの機能があると言われています（辻、一九七六、水口、二〇〇〇）。抑制の機能とは、地方自治が「自由の培養器」として、国から地域の多元性を維持し、「大合併」の押し付け政策のような集権や専制を抑制することです。媒介の機能は、中央省庁などのタテ割り行政や政策の専門分化に対して、地域の様々な利害の政治的な調整やニーズに応答して行政サービスを地域で総合化する機能と、多元的で多様な自治体がローカル・イニシアティブを発揮しながら国の政策転換を促進する「実験室」の機能です。参加の機能は、議会による間接民主制を補完して住民と自治体が共同決定を行うパートナーの関係を形成することで団体自治を支えながら、地域での民主主義の実践と市民教育の場として機能することです。

これらの機能は、基本的には個々の自治体が担っていますが、先にみた小規模町村による自治体間連携によってもその機能が担われています。現在、一七一八の全市町村のうち、町村は半数以上の九二六、人口一万人未満の町村も五〇九と全体の約三〇％を占めています（総務省『令和二年版　地方財政白書（平成三〇年度決算）』）。これらの小規模町村は、自律（自立）した自治の取り組みを維持するにあたっては、実際に様々な広域連携・自治体間連携を工夫して地方自治の機能を発揮しながら、地域と住民の最先端で地方自治に取り組んでいます。

本章では、同じ自治体間連携といっても、集権的な「圏域行政」と協働的な「圏域自治」という二つの異なる考え方がせめぎ合うなかで、小規模町村の自治と親和性のある「圏域自治」の考え方によりながら、その具体的な実践事例を紹介することで、今後の自治の深まりに少しでも参考になればと思います。そして、その市町村同士で顔の見える連携が醸成する職員同士や議員同士の結びつきと信頼関係は、デジタル化が進展してもなお地方自治の現場では必要な要素・条件だということは、コロナウィルス禍を経験した今、私たちには強く実感できることではないでしょうか。

なお、自治体間連携には、「隣り合った自治体同士、地理的に一体性のある自治体同士」の「隣接型連携」と、災害時の広域連携手法などで「地理的に遠く離れた、地面で直接つながっていない自治体同士」による「遠隔型連携」があり、今日その両方の重要度が増しています（公益財団法人日本都市センター、二〇一七）。ここでは、年度を通して一定程度継続的に運用されている平時の取り組みとして、「隣接型連携」に焦点を当てて考えます。

第一節　「連携の現実」と「合併から連携へ」の振り子

一　自治体間連携としての共同処理制度

まず、自治体間の共同処理制度としての自治体間連携の現状について、少しみておきましょう。法人の設立を要しない簡便な仕組みとしては、連携協約、協議会、機関等の共同設置、事務の委託、事務の代替執行があり、別法人の設立を要する仕組みには、一部事務組合と広域連合があります。

総務省（二〇二二）の「地方公共団体間の事務の共同処理の状況調（令和三年七月一日現在）」によると、共同処理の総数は九三四五件で、関係団体数は延べ二万二四六五団体で、自治体合計の一七六五で割った一自治体あたり約一三の自治体間連携の取り組みにかかわっていることになります。共同処理別の状況では、住民票の写し等の交付や

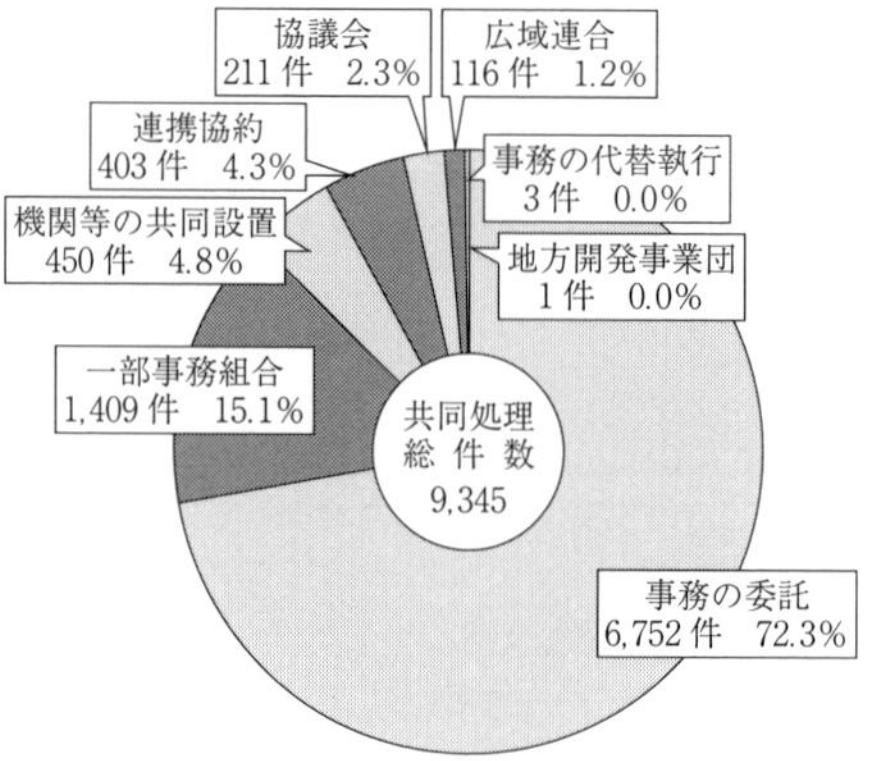

図 2－1　共同処理の方式別割合

出所：総務省（2022）「地方公共団体間の事務の共同処理の状況調（令和 3 年 7 月 1 日現在）」。

公平委員会に関する事務など事務の委託が全体の約七割で、次いで一部事務組合が約一五%、介護区分認定審査や公平委員会に関する事務など機関等の共同設置が約五%、などとなっています（図2－1）。小規模町村をはじめ自治体同士で、多様な自治体間連携を工夫していることがわかります。

二　「合併から連携へ」の振り子

二〇一〇（平成二二）年三月末で「平成の大合併」が一区切りとされて以降、「合併から連携へ」と舵を切ったという指摘があります。総務省の「基礎自治体による行政サービス提供に関する研究会報告書」（二〇一四、三頁）で、「市町村が単独であらゆる公共施設等を揃えるといった『フルセットの行政』から脱却し、市町村間や市町村・都道府県間における新たな広域連携を推進することで、市町村が基礎自治体としての役割を持続可能な形で果たしていけるようにすることが必要」との考え方がでてきたことにもよります。新たな広域連携の方法として、定住自立圏構想に加えて、「集約とネットワーク」の考え方をベースとして「連携協約」に基づく「地方中枢拠点都市圏」（連携中枢都市圏）の制度化も行われました。これまでの一部事務組合、広域連合、協議会等の機構をまずは立ち上げる「機構ベース」の仕組みに対して、協定や連携協約という柔軟な手法をとる「政策ベース」の連携を迅速に行うことをめざしているといえます（伊藤、二〇一五、四〜五頁）。問われるのは、その中身・あり方です。

ちなみに、自治体間の共同処理・自治体間連携の仕組みの分類については、「機構ベース」と「政策ベース」の連携といった整理とは別に、新垣二郎氏は、①一部事務組合や広域連合のように常設の組織・職員を置く「機構型」、②「そこまで本格的ではなく緩やかな共同体制」をとる協議会や機関等の共同設置などの「ソフト型」、③自治体間での個別的な取り決めに基づく事務の委託や連携協約などの「契約型」の三つに類型化しています（新垣、二〇二二、九二頁）。これは、協議会などを「ソフト型」として、議会をもつ一部事務組合などとは区別しているので、デモクラシーや民主的統制、参加の機能といった観点から、より適切ではないかと思われます。

総務省などが「合併から連携へ」の舵の切り替えを近年行ったとしても、自治の現場では、その前から「連携の現実」が広がっていたと指摘されています（阿部、二〇一〇、一七六〜一七九頁）。「平成の大合併」前から、日本の地方自治には、確かに「自治体間競争」的な環境がありましたが、そのなかでは、競争に負けないためだけでなく、相対的に高い水準の行財政能力をもつ市が単独でも実施できる事務事業を周辺の行財政能力の劣る市町村と一部事務組合を結成していた事例や、「比較的小規模な市町村が、相互に連携し合うことによって、行財政能力や政策形成能力の不足を補い、地域社会の行政需要に応えていく」連携もありました。「自治体相互間には、競争の言説では捉えきれない連携の現実」を伴う「地方自治の姿」があったのです。

「西尾私案」をだした西尾勝氏も、「平成の市町村合併」についての所感として、「合併か広域連合等の広域連携かという選択肢について」、フランスのような「市町村に大きな期待を寄せない小市町村主義」の国で「市町村を旧来の小規模のままにとどめて残しながら、都市連合等の広域連携方式を活用」しているように、「基礎自治体である市区町村に大きな役割を担うことを求めてきた大市町村主義の国」の日本で、「大市町村主義を取りながらなおかつ合併ではなく各種の広域連携方式を選択する余地がないかと問われればその余地は十分にある」と答えていました（西尾、二〇〇七、一四一～一四二頁）。西尾氏も、少なくとも「平成の大合併」後には、日本における自治体間連携・広域連携の可能性に注目していたのです。ただ、「日本でもすでに市町村が連帯して広域連合を形成する道は制度上開かれている。にもかかわらず、合併に変えてこの広域連合方式を選択する市区町村が誕生しない原因はどこにあるのか」との疑問ももっていました。これは、県内の全市町村がそれぞれ参加して一〇の広域連合を設立した長野県で、多くの小規模町村が合併せずに自律（自立）の選択を行って多様な自治体間連携を工夫しながら自治に取り組んでいた現実の「地方自治の姿」を十分にみていなかったように思われます（小原他編、二〇〇七、参照）。

小さくても輝く自治体フォーラムの開催にも協力していた加茂利男氏は、先進諸国の自治区域改革の動向を踏まえて日本における自治のモデルとして、「大市町村主義」と重なる総務省などの「規模・効率」を重視する「大は小を兼ねる」型（「地制調」モデル）に加えて、「近接性・アイデンティティ」の要請を重視する「小さい自治の連合」型（フランス・モデル）を類型化して、連携の現実と可能性に注目していました（加茂、二〇一七）。もちろん後者は、

「市町村に大きな期待を寄せない小市町村主義」における行政単位などではなく、共同体で自治の単位としての小規模町村の取り組みを重視するものです。

第二節　二つの連携モデル：「圏域行政」と「圏域自治」

現在の地方自治の姿としては、連携の現実をふまえつつ「合併から連携へ」の新たな連携のステージが進んでいると、とりあえずは言えそうです。ただ、その動きは、異なる二つの連携モデルが並走しているように思われます。一つは、「大市町村主義」のもとで、地方創生政策の動向や自治体戦略二〇四〇構想の「圏域行政」の考え方にみられる「集権・競争型自治」モデルにおける連携です。もう一つは、全国小さくても輝く自治体フォーラムの会に集う小規模町村などが実践している自律（自立）した自治の取り組みと親和性のある、自治体間の対等な合意形成を丁寧に行う「多元・協働型自治」モデルにおける「圏域自治」のような連携です。

「圏域行政」は、「圏域マネジメントと二層制の柔軟化」という考え方のもと、現在多くの地域で取り組まれている自主的な定住自立圏や連携中枢都市圏といった「契約型」の連携を強化して、新たに「圏域」単位での法制化につなげようとするもので、全国町村会も危惧しているものです。これは、市町村合併と同じような効果・機能をもつ「機能的合併」を模索するもので、「ステルス（隠れた）合併」とも指摘されていています（白藤、二〇一九、三五頁、本多、二〇一六）。連携の装いを保ちながら、再度また合併に振り子を戻してしまいかねないもので、「二層制の

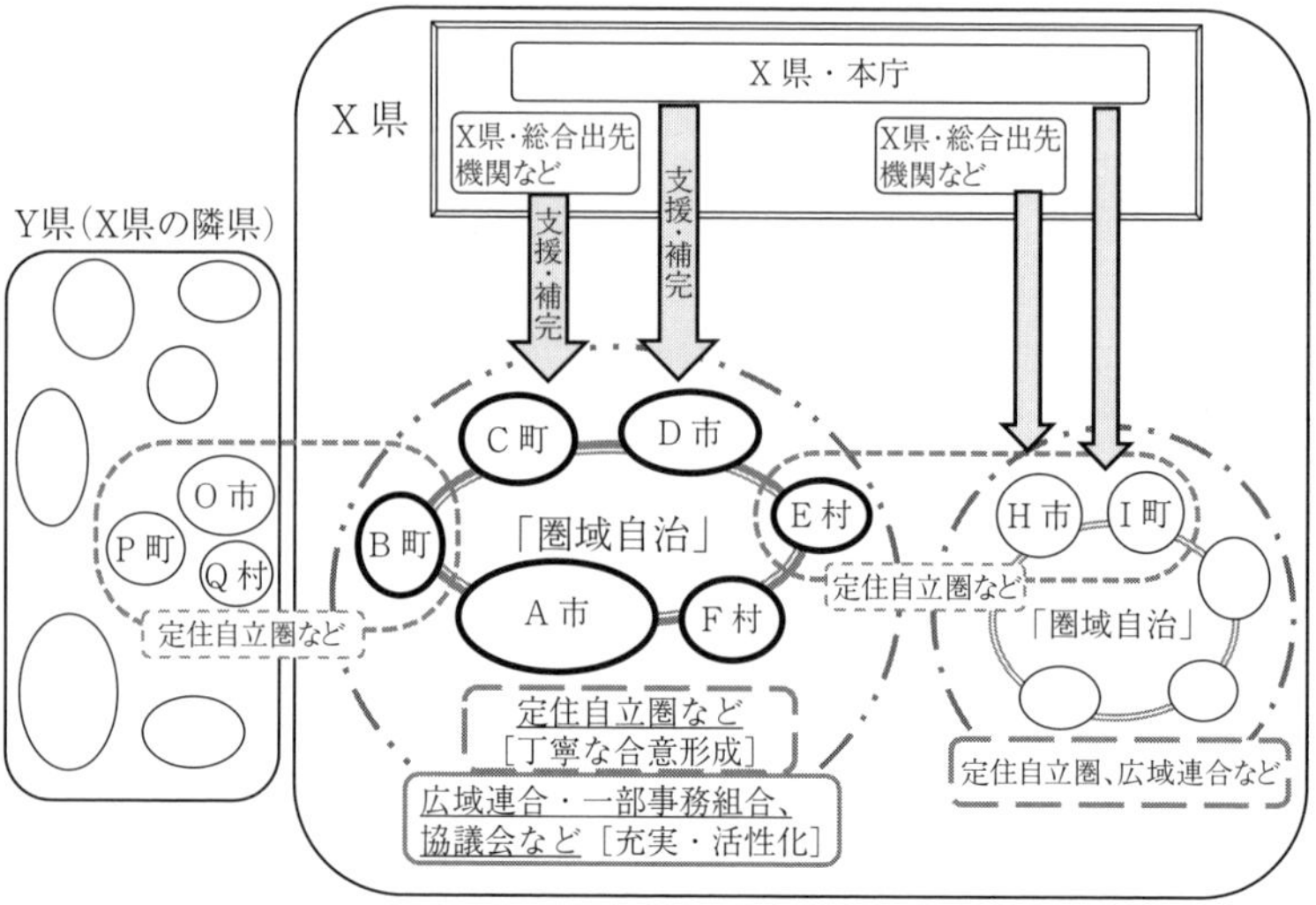

図2－2　「多元・協働型自治」モデルにおける「圏域自治」のイメージ
出所：水谷・平岡 2023：2頁。

柔軟化」と相俟って、現在の都道府県と市町村からなる二層制の自治制度を、「分権型社会の創造」の方向ではなく集権の方向に転換する考え方が含まれていると考えられます（水谷・平岡、二〇二三）。中心市・連携中枢都市に様々な資源が集中・集約されることによって、周辺自治体や小規模町村などはいずれ衰退して、市町村合併をせざるをえなくなるような集権的な傾向をもつ点で、「集権・競争型自治」モデルであると考えられます。

これに対して、都道府県と市町村といった二層制の融合型地方自治制度のもとで、長野県などのように、旧来からの広域連合など市町村間水平連携に加えて、市町村・市町村連携と都道府県による垂直連携も組み込んだ重層的自治体間連携による自治の取り組みを行っている圏域のあり方を「圏域自治」と考えます。「近接性」と「アイデンティティ」の要素を大切にする「小さい自治の連合」型と重なり、小規模町村の自律的な自治を支えて維持可能性を高め、「単に自治事務の量だけでなく、中央政府とは区別された自治システムの総体としてのパフォーマンス」である「都道府県＋市町村」に、さらに「中二階」的な広域連合や協議会、定住自立圏構想など自治体間連携もプラスした、圏域における「自治の総量」（磯部、一九九三）の増大を可能にするのではないかということで、「多元・協働型自治」モデルといっています（水谷・平岡、二〇一八）。このモデルにおける「圏域自治」のイメージは、図２－２の通りです。ただし、これはあくまでイメージであり、実際の各地域における「圏域自治」のあり方は多様です。また、この「圏域自治」の基層・基盤には、地区・コミュニティの共同的な空間があり、それと町村自治体、自治体間連携の協働空間、都道府県・その出先機関といった、多層的な公共空間で織りなされるすべてのパフォーマンスが「自治の総量」を形成しているのかもしれません。

第三節　「多元・協働型自治」モデルにおける「圏域自治」の事例

それでは、実際に「圏域自治」の取り組みと考えられる三つの事例をみてみましょう。

一　長野県の南信州圏域の事例

まず、長野県内の事例として、主として三層からなる自治体間連携を組み込んで小規模町村の自治を支えている南信州地域をみましょう（水谷・平岡、二〇一八）。長野県は県内を一〇圏域に分けて、それぞれに県の総合型出先機関である地域振興局を設置し、それぞれに一〇の広域連合が組織化されています。南信州圏域は、飯田下伊那地域ともいわれ、飯田市を中心市に一市三町（松川町、高森町、阿南町）一〇村（阿智村、平谷村、根羽村、下條村、売木村、天龍村、泰阜村、喬木村、豊丘村、大鹿村）からなる小規模町村が多く含まれる地域で、県の総合型出先機関の南信州地域振興局と、圏域の全市町村による南信州広域連合があります。それ以外に、いくつかの市町村の組み合わせによる一部事務組合が六つあり、職員研修や、火葬場、公平委員会事務などを処理しています（長野県「令和三年度長野県市町村財政概要」）。

この圏域での第一層の自治体間連携は、南信州広域連合による水平連携です。広域行政の推進に関する事務や消防、ごみ・し尿処理、介護認定審査会の設置・運営などに関する事務を行っています。政治・行政的な重要な議論と調整、実質的な意思決定機関は、一四市町村長からなる広域連合会議で、月一回は開催され、オブザーバーとして南信州地域振興局長など圏域の県出先機関長も参加します。定住自立圏構想に関する重要な議論・調整と実質的な意思決定も、広域連合会議と関連して行われています。

第二層は、南信州定住自立圏構想による水平連携です。下伊那地域の町村は飯田市の都市機能に支えられ、中心市の飯田市は圏域町村の存在によって成り立っているとのことで、広域的な地域づくりを広域連合と定住自立圏制度を絡めながら運用しています。広域連合会議などで議論や調整を行いながら、具体的には救急医療体制や産科医療体制の確保、病児・病後児保育事業や成年後見センターの設置、産業センター等の運営など、広域連合や県の事業を補完する事業を、特別交付税などの財政措置を活用して行っています。

そして、第三の層は、長野県本庁と南信州地域振興局による圏域市町村や広域連合との垂直連携です。具体的な事業には、「平成の大合併」の折には「自律（自立）プラン」づくりや市町村への県職員派遣などの人的支援があり、現在の財政支援として市町村だけでなく広域連合や一部事務組合も支援対象である地域づくりに対する「地域発元気づくり支援金」や、総合型出先機関である南信州地域振興局による日常的な様々な市町村や広域連合への支援・補完機能などがあります。圏域の地方自治においては、広域連合と地域振興局は「車の両輪」となっているようです。

少なくともこれら三層からなる重層的自治体間連携により圏域の小規模町村の自治が支えられて、南信州圏域で「圏域自治」の取り組みの実践が進行していると思われます。

二　宮崎県の日向圏域にある小規模町村の事例

二重に圏域が重複する「圏域自治」の取り組みと考える日向圏域の事例として、諸塚村（人口約一五〇〇人）や椎葉村（人口約二五〇〇人）にとっての自治体間連携についてみてみましょう（水谷・平岡、二〇二三）。二村は、日向市を中心市とする一市二町二村からなる日向圏域にあり、日向圏域は延岡市を中心市とする二市五町二村からなる延岡圏域に含まれています。二村にとって、まず、耳川流域で豊かな森林資源が集まる玄関口で交流拠点としての役割も果たしてきた日向市を含む日向圏域が、歴史的にも社会経済的にも一つの圏域です。そこでは、定住自立圏構想の推進を含む広域的な連携を図るための調整・企画立案に関する事務を担う日向・東臼杵市町村振興協議会が広域連携の要です。そこに、火葬場やごみ処理施設の設置・管理・運営に関する事務を担う日向東臼杵広域連合と日向圏域定住自立圏が重なります。さらに日向圏域を包摂する延岡圏域において、宮崎県北部ふるさと市町村圏基金（取り崩し）を用いた広域的な地域づくり事業を行っている宮崎県北部広域行政事務組合を要にして、宮崎県北定住自立圏による広域連携の取り組みがあります。ちなみに、この二重の定住自立圏の形成においては、総務省から二つの圏域で重複した取り組みはできないという指導があったため、消防相互応援体制の整備や鳥獣害対策については宮崎県北定住自立圏で行い、医療は二次救急が日向圏域で、三次救急は宮崎県北定住自立圏でとし、森林の保全等については耳川流域が日向圏域で、五ヶ瀬川流域は宮崎県北定住自立圏でとし、観光は「地域外との交流」と「広域観光」に分野を区分するなどの棲み分けを工夫しています。日向圏域の自治体にとっては、別に延岡圏域の連携の枠組みもあることで、広域で取り組める事業の選択肢が増えるというメリットがあります。

その他に二村には、三町村からなる入郷地区で入郷地区衛生組合を組織し、宮崎県域の宮崎県市町村総合事務組合と宮崎県後期高齢者医療広域連合の取り組みがあります。また、二村と延岡圏域の高千穂町と日之影町、五ヶ瀬町の五町村エリアで認定された「世界農業遺産高千穂郷・椎葉山地域」に関する広域事業を、五町村に宮崎県も加わった世界農業遺産高千穂郷・椎葉山地域活性化協議会により取り組んでいます（世界農業遺産高千穂郷・椎葉山地域のウェブサイト）。

諸塚村と椎葉村にとっては、それぞれの自律（自立）した自治の取り組みがベースにあり、この自治を支えるものとして、四層の地区・圏域が重層的に存在していて、そこで少なくとも九つの自治体間連携の取り組みが工夫さ

（宮崎県域）	宮崎県後期高齢者医療広域連合	
	宮崎県市町村総合事務組合	
（延岡圏域）	宮崎県北定住自立圏	世界農業遺産高千穂郷・椎葉山地域活性化協議会（高千穂町、日之影町、五ヶ瀬町など）
	宮崎県北部広域行政事務組合	
（日向圏域）	日向圏域定住自立圏	
	日向東臼杵広域連合	
	日向・東臼杵市町村振興協議会	
（入郷地区）	入郷地区衛生組合	
日向圏域の小規模町村（諸塚村、椎葉村）の自治		

図２－３　諸塚村と椎葉村にとっての重層的自治体間連携のイメージ
出所：筆者作成。

れているのです（図２－３）。

三　高知県の中芸広域連合の事例

三つめの「圏域自治」の事例として、介護保険の保険者で地域包括支援センターに加えて保健福祉事務も担っている高知県の中芸広域連合の取り組みをみましょう（水谷・平岡、二〇二二）。

中芸地域は、人口約一〇〇〇人から三〇〇〇人の五町村（奈半利町、田野町、安田町、北川村、馬路村）からなり、圏域人口は約一万人で、高齢化率は約四四％です（二〇二一年四月現在）。中芸広域連合は、一九九八（平成一〇）年に設立され、消防と救急、広域ごみ処理施設の設置・管理・運営、し尿処理、火葬場などの事務に加えて、介護保険と保健福祉関係の事務を共同処理しています。

介護・保健福祉に関する共同処理の経緯は、二〇〇三年度から広域連合が五町村の介護保険者となって介護サービス課が設置され、二〇〇六年度から介護サービス課内に直営の地域包括支援センターを整備しました。その頃、国の制度改正で保健福祉業務が増大するなか、中芸地域で専門職の人員体制が限られていて、専門的なニーズや新たなニーズと地域の課題への対応、サービスの質の向上に取り組むことが限界になっていました。各町村一名から二名の保健師だけではすべてを担いきれない状況で、若い保健師の育成体制の整備も急務でした。そこで高知県と検討を重ねて、二〇〇九年度から中芸広域連合に保健福祉課が誕生し、母子保健と健康増進、障害者福祉、高齢者福祉など六六業務を町村とも連携しながら推進するようになりました。

広域連携のメリットとしては、保健師一〇名、看護師一名、栄養士二名などの専門職を一つのチームとして統合することで、専門職組織としての維持可能性と能力が高まり、圏域で専門化・高度化する介護・保健福祉の課題に対応できるようになったことです。また、各町村での地域に根ざして特性を活かした住民参加の健康づくり・地域づくりも促進しながら、地域のソーシャル・キャピタルを醸成・促進することも一定程度できているようです。

中芸地域では、介護保険制度の導入などによって分離・分断された高齢者の介護と福祉、及び全世代の保健福祉の政策を広域連合において再統合して、自治体間連携により広域連合が「福祉行政の主体としての責任」を各町村と協働して担いながら、圏域の介護・保健福祉政策の維持可能性を保持し、小規模町村の自律（自立）を補完しているといえそうです。

おわりに

小田切徳美氏は、「高齢者が多く、自然減少が著しいために、人口は依然として減少基調であるが、地域内では小さいながら、新たな動きが沢山起こり、なにかガヤガヤしている雰囲気」のある地域を「にぎやかな過疎」と表現し、その「舞台となっている過疎地域や農山村を『低密度居住空間』として、国土の中に位置づけるという新しい政策構想とその実践が進んでいる」ことを指摘しています（小田切、二〇二三、一七一頁）。全国小さくても輝く自治体フォーラムでも、「過疎でも過密でもなく、ほどよく疎な状態にある地域で、地域の環境や資源を維持管理しながら活用し、豊かな暮らしとサステナブルな地域を実現できるあり方」を「適疎」と考えて、「地域の住民が自分たちで暮らしをつくっていくまちづくり活動や行政の政策づくりへの参加が組み込まれていること」の大切さを指摘しています（「全国小さくても輝く自治体フォーラの会」ウェブサイト）。

この「にぎやかな過疎」や「適疎」を横展開して維持・創造していくには、これまでみてきたように、小規模町村の自律（自立）した自治の取り組みとともに、「圏域自治」の公共空間を構成する自治体間連携（組織）の機能も不可欠であると考えられます。そうすると議会をもつ一部事務組合などの自治体間連携であっても、その連携への統制は構成市町村議会から選ばれた議会議員による二重に間接的な民主的統制になっていて、参加の機能が課題となっています。「デモクラシーを損なわない形での地方自治体同士の連携をどのように設計・実現していくかという点」（新垣、二〇二二）は、「圏域自治」の今後の課題です。

一方で、農山村内部では、「衰退と再生の二つのベクトルが同時進行」していて、都市と農山村の「まち・むら格差」だけではなく、農山村内部の「むら・むら格差」の拡大が顕著になっていることも指摘されています（小田切、一七三頁）。この格差の拡大を押しとどめるには、「圏域自治」の多層的な公共空間の「基層」にある地域コミュニティの自治的な地域づくりの取り組みも大切です。たとえば、日向圏域の諸塚村では、一六の地区の自治公民館組織が地域づくりの実践では基盤になっていて（諸塚村、二〇一九）、椎葉村では、「第六次椎葉村長期総合計画」（二〇二二年度〜二〇三一年度）で「行政計画編」に加えて一〇地区の地区住民がそれぞれ策定した「地区計画編」もあり、村と協働しながら地域住民主体の地域づくりにも取り組むことで持続可能な村づくりを進めています。「中二階」の自治体間連携の重要性とともに、小規模町村内の地域コミュニティにおける地域づくりの取り組み・地域内分権の充実も、自治体の取り組みとして益々必要になってきています。

総務省などが、「都市とは別の価値を持つ低密度な居住空間がしっかりと存在することが国の底力」であるといっています（総務省・過疎問題懇談会、二〇二〇）。その「底力」となっている空間を支えているのは、まさに小規模町村などによる地域づくりの実践です。今後も、様々な自治体間連携を工夫しながら、抑制・媒介・参加の機能をしっかりと発揮して地域づくりに取り組む小規模町村の自治の役割と責任は、日本の「豊かさ」を維持するための必要条件の一つです。

（本稿は、ＪＳＰＳ科研費ＪＰ19Ｋ０１４７９の助成による成果の一部です。）

参考文献

阿部昌樹（二〇一〇）「第七章　自治体間競争と自治体間連携―日本」加茂利男・稲継裕昭・永井史男編著『自治体間連携の国際比較―市町村合併を超えて』ミネルヴァ書房
新垣二郎（二〇二二）「第五章　自治体の合併と連携―規模かデモクラシーか」宇野二朗・長野基・山崎幹根編著『テキストブック地方自治の論点』ミネルヴァ書房
磯部力（一九九三）「『分権の中味』と『自治の総量』」『ジュリスト』一〇三一号
小田切徳美（二〇二三）「新しい「農山村たたみ論」―「国土の多極集住論」の検討」『世界』二〇二三年三月号、一六三～一七三頁
小原隆治・長野県地方自治研究センター編（二〇〇七）『平成大合併と広域連合―長野県広域行政の実証分析』公人社
加茂利男（二〇一七）『地方自治の再発見―不安と混迷の時代に』自治体研究社
公益財団法人日本都市センター編（二〇一七）『自治体の遠隔型連携の課題と展望―新たな広域連携の可能性』公益財団法人日本都市センター
白藤博行（二〇一九）「『自治体戦略二〇四〇構想』と第三二次地制調による法制化の検討」白藤博行・岡田知弘・平岡和久『「自治体戦略二〇四〇構想」と地域住民』自治体研究社
辻清明（一九七六）『日本の地方自治』岩波書店
総務省・過疎問題懇談会（二〇二〇）「新たな過疎対策に向けて～過疎地域の持続的な発展の実現～（令和二年四月一七日）」
本多滝夫（二〇一六）「連携中枢都市圏構想からみえてくる自治体間連携のあり方」『住民と自治』、二〇一六年四月号
水口憲人（二〇〇〇）「地方自治と民主主義」『政策科学』第七巻三号、一九一～三一二頁
水谷利亮・平岡和久（二〇一八）『都道府県出先機関の実証研究：自治体間連携と都道府県機能の分析』法律文化社
水谷利亮・平岡和久（二〇二二）「小規模町村による介護・保健福祉政策と広域連合：中芸広域連合の事例をもとにして」『下関市立大学論集』第六六巻第二号、一五～三一頁
水谷利亮・平岡和久（二〇二三）「「多元・協働型自治」モデルにもとづく垂直連携と水平連携の分析―「チーム愛媛」と宮崎県日向圏域の自治体間連携の事例から―」『下関市立大学論集』第六七巻第二号、一～二〇頁

諸塚村（二〇一九）「かたちのないたしかなもの諸塚（世界農業遺産コンセプトブック）」

参考ウェブサイト

「全国小さくても輝く自治体フォーラの会」ウェブサイト（https://kagayaku-lg.org/）
「世界農業遺産高千穂郷・椎葉山地域」ウェブサイト（https://takachihogo-shiibayama-giahs.com/）

第三章　人口減少時代の自治体の歳入の特徴

中島正博

人口減少時代の地方自治体の歳入

本稿は、人口減少局面における近年の地方財政の動向を、歳入を中心に確認するものです。

日本の総人口は二〇〇八（平成二〇）年から減少局面に入っています。人口減少がすすむと、地方自治体の財政に対して歳入、歳出両面で大きな影響が出ることが予想されますが、人口減少が財政に対してじっさいにどの程度影響しているかについて、詳細に検討されることはあまりありません。その理由としては、日本全体としては人口減少であっても、個々の自治体レベルでみると、今なお人口増の自治体も存在するということも大きいと考えられます。

筆者は、町村に着目し、「新型交付税」のはじまった二〇〇七年度と、一〇年後の二〇一七年度の二時点間についい

表3－1　人口増減グループ別にみた基準財政収入額の増減

（単位：町村数、％）

人口＼基準財政収入額	10％以上増	0～10％増	0～10％減	10～20％減	20％以上減少	平均増減（％）
20％以上減の町村	5	8	21	35	20	▽ 12.4
10～20％減の町村	35	92	214	86	15	▽ 3.6
0～10％減の町村	34	96	89	28	9	2.5
人口増の町村	53	48	23	9	3	10.9
合　計	127	244	347	158	47	▽ 0.6

注1：人口は、2008年3月31日と2018年1月1日の住民基本台帳人口の比較である。
注2：期間中に合併を経験した町村は除いている。
出典：総務省『市町村別決算状況調』各年版より作成。

て個々の町村ごとに人口増減と基準財政収入額との関連を検討しました（中島、二〇二二）。第一の結論としては、期間中、人口増減と基準財政収入額との相関係数を計算してみると〇・五五二となり、相関があるようです。第二に、町村全体としては、約一割の人口減少ですが、基準財政収入額は〇・六％の減少にとどまっていることです。人口減少幅に比べて基準財政収入額の減少幅は緩やかになっているのです（このほか基準財政需要額も検討しました）。

表3－1は、町村を人口増減の割合でグループ分けしたうえで、基準財政収入額の増減を数えたものです。これを見ると、たとえば、人口が二〇％以上減少している町村でも、基準財政収入額が二〇％以上減少している町村は二〇町村にとどまっていて、基準財政収入額の減少幅の平均は一二・四％にとどまっていることがわかります。

もっとも、町村の約一割に当たる八九町村が、この一〇年間で人口が二〇％以上減少しており、自治体・地域の存続が危ぶまれる事態となっていることは事実です（なお、同期間について都道府県は、人口減少の道県は三六あり、そのうち秋田県がもっとも人口が減少しており、その割合は一〇・二％となっています）。

一般に、人口の高齢化により、住民は年金生活者となるなど所得は減少しますから、住民税収は減少することが予想されます。人口減少によって、その減収幅もさらに大きくなるでしょう。また、過疎化は地価を押し下げ、固定資産税の減収にもつながります。しかし、じっさいには人口減少幅と比較して基準財政収入額の減少幅が小さいのです。この要因を考えることが本稿の課題です。

地方財政の構造変化

まず、この間の地方財政全体の歳入構造と、歳出のうち一般財源の充当部分について、大まかな傾向を見ていくことにしましょう。

図３‐１は、この間の地方財政（純計）の主な歳入項目の金額と構成比の変化を見たものです。二〇二〇年度は一人あたり一〇万円の給付などのコロナ対策のため国庫支出金が大幅に増額したために、総計も大きくなっています。例年ほぼ一〇〇兆円規模の歳入合計となっていることが分かります。「失われた三〇年」というように、経済成長をしていないために、地方財政全体は伸びていないのです。

なお、この統計は、普通会計を集計したものであり、高齢化にともない大きく伸びている国民健康保険、後期高齢者医療、介護保険といった特別会計に対する一般会計からの繰出金は集計されているものの、当該特別会計にお

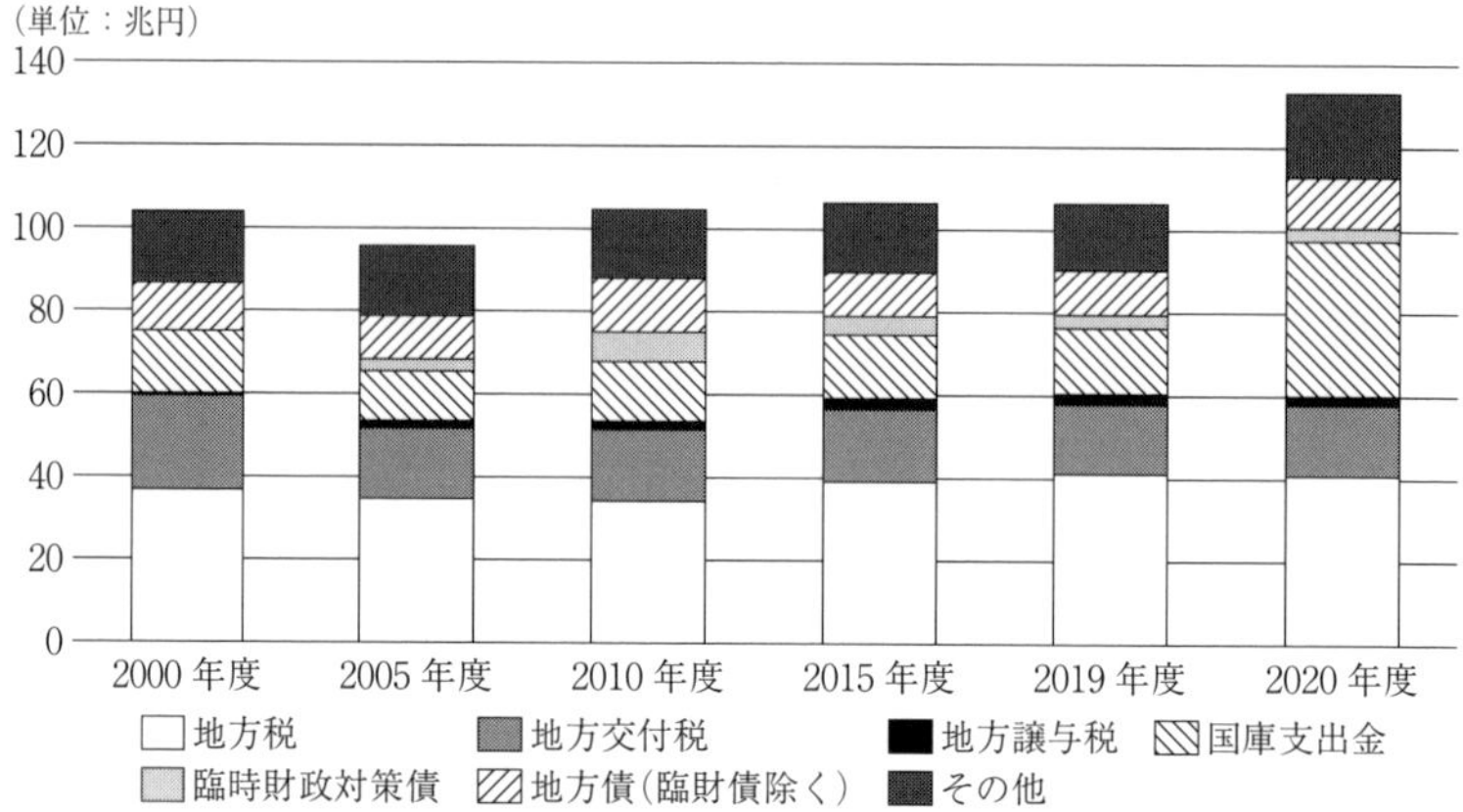

図3－1　歳入純計決算額の推移

出所：『地方財政白書』各年版より作成。

ける保険料・税や国庫支出金等といった歳入科目は集計されていないことに注意が必要です。

この間の大きな傾向としては、①二〇〇〇年度の介護保険導入にともない普通会計の統計上の規模が縮小したこと、②二一世紀初頭に税源移譲（三位一体の改革）があったものの、「失われた三〇年」の渦中であり地方税収はさほど上昇していないこと、③同時に、三位一体改革で地方交付税が縮減したこと、④その後の税制改正で、地方譲与税がその比重をあげたこと、などが分かります。

続いて、歳出構造のうち一般財源を充当した部分について見ていきましょう。

一般財源とは、自治体が自由にその使途を決めることができる財源だとされています。ほぼ地方税と地方交付税の合計です。歳入の図3－1でも見たように、歳入全体の六割の六〇兆円程度を推移していることがわかります。これをどういう分野の歳出に充てているかを見たのが図3－2です。図3－1で見たように、二〇二〇年度はコロナ禍で多額の国庫支出金がありましたが、自治体にとっては、

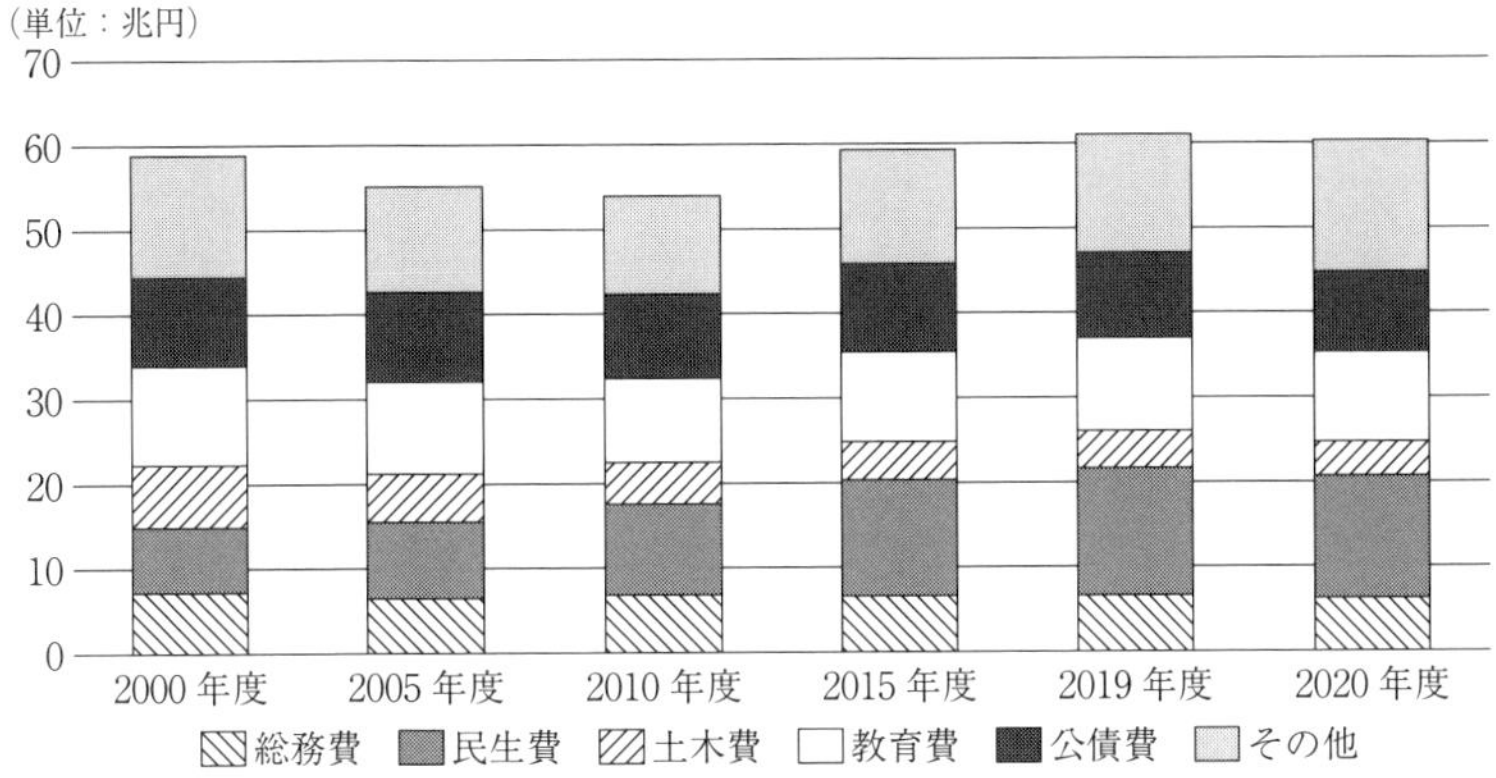

図3－2　一般財源充当額の目的別構成比の推移

出所：『地方財政白書』各年版より作成。

その分を住民に給付しており、いわば右から左に支給しただけであり、一般財源の使途にさほどの変化はありません。

図3－2で、一般財源の充当の構成比の特徴を見ると、二〇〇〇年度の介護保険導入にともない、いったんは民生費への充当が少なくなったものの、高齢化の進展と少子化対応のために、民生費への充当額が大きく伸びており、その規模は、約二倍の一五兆円程度となっていることが分かります。

目的別歳出で見ると、民生費、土木費、教育費（とりわけ、小中学校の教員人件費を負担する都道府県教育費）は、補助事業が多く、充当する一般財源は、相対的に少なくてすみます。とはいえ、民生費では、補助事業も大きくなり国庫支出金も増額しているものの、一般財源を充当する金額が大きく増えていることが分かります。後に見ますが、「補助裏」といって、地方自治体は国庫支出金に一般財源を加えて補助事業を行っています。この一般財源のことを「補助裏」と言います。「補助裏」に充てる一般財源も大きくなっているのです。

逆に、このところ一〇兆円の規模となっている公債費は、ほぼほぼ一般財源を充当している傾向があります。これまでは、一九九〇年代の景気対策のための公共事業によって膨らんだ起債を返すための公債費圧力も大きかったのですが、二〇二〇（令和二）年あたりからは償還が終了しており、公債費そのものの低下傾向が見られるところです。このほか、図３－２では、その他に含まれますが、性質別歳出の人件費や物件費、繰出金なども一般財源がその構成比のほとんどを占めている経費です。一般に自治体の財政当局は一般財源に関心があるといわれていますが、財政担当者は、一般財源をどのような使途に充当していくかに関心があります。

この間の地方財政における制度変化

この間の地方財政の歳入について大まかに見てきました。地方税収は全体として低迷しているなかで、構成比はそう大きなものではないものの地方譲与税が増加しています。そこで、この間の税制改革について、見ておくことにしましょう。

まず、地方消費税交付金についてです。地方消費税は、一九九七（平成九）年の税制改正で導入された都道府県税であり、現在の税率は国税の消費税額の22／78です（お店等では税抜価格の一〇％を上乗せして払いますが、この一〇％は、消費税（七・八％分）と地方消費税（二・二％分）の二つの税の合計です）。この地方消費税収の１／２は、地方消費税交付金として都道府県から市町村に交付されることになっています。地方消費税導入当初は、市町村に対しては、その1／2を人口で、1／2を従業員数で案分して配分されていたのですが、二〇一四（平成二六）年からの地方消費税率の税率アップ（1／5→17／63）に際して、増税分はすべて人口で案分して配分されることとなりました（これは、二〇一八年の再度の税率アップ（17／63→22／78）でも同様です）。

こうして、市町村への交付金の財源が大きくなったとともに、配分の計算も変わりました。産業が盛んで従業員数が相対的に多い市町村もありますが、多くの市町村にとっては、人口比例のほうが従業員比例より有利なのです。

市町村に配分される地方消費税交付金の規模は、二〇二一年度決算では約三兆円であり（一人あたり二万五〇〇〇円）、今日では無視できない規模となっています。なお、増税分は全額基準財政収入額に算定されることとなっているため、後述の留保財源には反映しないとともに、一般財源の量そのものが増額するわけではありません。

つぎに、法人事業税交付金について見ていきます。これは、二〇〇八（平成二〇）年一〇月に開始された事業年度で課税された地方法人特別譲与税の後継のものです。

日本の地方財政制度における問題の一つに、税源偏在があります。自治体の歳入として法人事業税など法人に課税する税があり、東京都を筆頭に法人の集中する都市部の税源が厚くなっています。同時に、自治体においても財政の三機能（資源配分、所得再分配、経済成長）のなかで、福祉などの所得再分配の機能が大きくなり、そのための財源が必要です。

そこで、法人に課税する税の偏在をどう是正するかという税制改革が行われました。それが二〇〇八年度の税制改正（一〇月一日以降実施）であり、そこで、「税制の抜本的な改革において」（地方法人特別税等に関する暫定措置法

第一条）設けられたのが地方法人特別譲与税です。具体的には、①消費税を負担する際の一〇％という場合の一％分に相当する約二兆円について、法人事業税を減税し、同額を地方法人特別税という国税として徴収することになりました。さらに②国税としての地方法人特別税の税収は全額、地方交付税・譲与税特別会計の歳入とし、地方法人特別譲与税として自治体（都道府県）に配分されることになりました。③その配分方法は、1／2を人口で、1／2を従業員数で案分します。従業員数も勘案されるとはいえ、都市部の都道府県から地方部の都道府県への再分配（水平調整）となりました。この税制改革の影響を試算した全国知事会の資料をもとにすると、東京都など一〇都府県が差し引きマイナス、三七道府県がプラスになったようです。

この地方法人特別税は、消費税率の再アップに伴い廃止され、地方法人事業税という制度になりました。具体的には、①約二兆円の地方法人特別税を廃止し、同額を地方法人事業税という国税として徴収することになりました。②国税としての地方法人事業税の税収は全額、地方交付税・譲与税特別会計の歳入とし、特別法人事業譲与税として自治体（都道府県）に配分されることになりました。③その配分方法は、全額人口で案分されます。特別法人事業譲与税の配分基準が人口のみとなり、東京都などの都市部はトータルでいっそう不利となりました。

加えて、④法人事業税交付金制度が設けられました。これは、都道府県の法人事業税収（超過税率部分をのぞく）の一部を、人口で案分して市町村に交付するものです。法人事業税はもとより道府県税ですが、その収入の一部を町村に交付するようになったのです。都道府県においては歳出、市町村においては歳入という扱いですので、『地方財政白書』等の統計においては「純計」で計算され規模はわかりづらいのですが、平年度化した二〇二一年度決算においては、市町村に交付される法人事業税交付金は二五五九億円となっています（人口一人あたり約二〇〇〇円。市町村が収入する地方譲与税の額は約四〇〇〇億円程度）。地方消費税ほどボリュームはありませんが、従来はゼロだったわけで、無視できない規模の歳入となっています。なお、法人事業税交付金は、その七五％が基準財政収入額に算入されるため、留保財源として活用できる財源です。

この制度改正の影響は、地方交付税制度にも波及しています。二〇〇八（平成二〇）年から創設された地方財政計画上四〇〇〇億円の「地方再生対策費」がそれで、同額の「地域社会再生事業費」が基準財政需要額の算定項目として新設されました。道府県税の法人事業税が減収になる分、地方財政計画の歳出を増やすことで、地方財政全体のプラスマイナスをゼロにする操作です（詳しく言えば「不交付団体の水準超経費」も連動して変化するのですが、ここでは触れません）。つまり、法人事業税改革によって、「地方交付税における不交付団体全体における税収が減少する一方、交付団体全体における税収が増加するという地方税の偏在是正の効果が生じる。これは地方交付税の減少をもたらすこととなるが、『地方と都市の共生』の考え方に基づき、地方交付税が減少しないよう、当該偏在是正により生じた財源を地方財政計画の特別枠として活用」（『地方財政白書』）するという地方財政計画全体の調整のためであって、「地域社会の維持・再生に向けた幅広い施策に自主的・主体的に取り組む」という目的は、後付けのものとなっています。

いずれにしても地方社会再生事業費として、都道府県分一五〇〇億円、市町村分二五〇〇億円分が配分されます。法人事業税の関係のなかった市町村において、二五〇〇億円分の財源が増えたのです。基準財政需要額としては、標準団体で一億九五〇〇万円の財政需要が見込まれることから単位費用は一九五〇円とされており、人口の少ないところに厚く算定するための段階補正係数もあるので、人口一万人の町村で三〇〇〇万円見当の地方交付税の増額につながっています。人口減少の結果である地方税収の減収を補填するものとなっています。

「補助裏」を財源保障する地方交付税

自治体によって人口減少や高齢化の進み方は様々ですが、人口の小規模な町村を中心に少子化、高齢化、人口減少に見舞われており、存続の危機に直面している市町村も多く存在しています（平均してみれば、人口の少ない町村のほうが人口減少率が大きい）。地方交付税制度は、自治体ごとに計算される基準財政需要額と基準財政収入額との差を普通交付税として財源保障する制度であり、人口が減少したため税収が減少し、基準財政収入額が減少した自治体の「困難」に対して財源補填する仕組みを、そもそも持ってはいます。

この間、基準財政需要額そのものは伸びていて、それは、高齢者福祉関係の経費が大きな原因となっています。しかし、たとえば高齢者保健福祉費（七五歳以上人口を測定単位とするもの）は後期高齢者医療特別会計への繰出金を措置するものですから、基準財政需要額が伸びたとしても、相等額が後期高齢者医療特別会計への繰出金として歳出されます。たとえば、二〇二三年度の七五歳以上の高齢者一人あたり単位費用八万三二〇〇円で十分なのかどうかという計画・決算の乖離の論点はありますが、自治体にとっては「歳出が義務づけられる経費」であり、基準財政需要額が増大し地方交付税が増額したからと言って、実質的な一般財源が豊かになるわけではありません。

このように義務づけられた経費以外のところに充当可能な一般財源が豊かかどうか、筆者は「自由な財源」と表現していますが、それが増えるかどうか、地方財政計画に立ち返って考えてみることにしましょう。

地方財政計画は、当該年度が始まる前の二月頃に閣議決定され、当初予算案が審議される国会に提出されています。「地方団体の歳入歳出総額の見込額」と称されるように、国として地方自治体全体の歳入と歳出のうち、標準とされる財源と行政需要を見積もったものです。歳入面では、地方税、国庫支出金、地方債などの財源と、給与関係費、一般行政経費（補助事業・単独事業）、公債費、投資的経費などの歳出が計上されています。歳入と歳出は一致していますから、標準とされる行政需要をまかなったうえで、なお余る財源の余裕は地方財政計画にはありません。もちろん、自治体ですから、地方財政計画で見積もられた経費を使わずに、その他の事業に振り向けることはできます。さらに、地方財政計画の歳出のなかに、自治体なのだからこの程度は自由に使う余裕は必要だろうというかたちでおおまかに組み込まれた歳出もあるとは思われます（中島、二〇一九、では、基準財政需要額の算定にあたって「他の算定項目では適切に算定されない経費」とされる「一般行政共通経費」について検討しました）。いずれにしても、地方税や地方交付税という一般財源であっても、それを充当する歳出が想定されているのです。

ちなみに、予算案決定の最終盤の年末に「地方財政対策」という財務省・財務大臣と総務省・総務大臣との折衝があります。これは要するに、地方財政計画の歳出面での原案がほぼ固まっており、通常は歳出を賄うには歳入が足りないので、その差額を地方交付税で補填することになるのですが、地方交付税の総額とともに、所得税の三三・

歳出	補助事業		単独事業
歳入	国庫支出金	（財源不足＝地方交付税）	地方税

図3－3　補助事業と単独事業の財源充当

出所：筆者作成。

一％などと決まっている財源では足りない部分を、国の一般会計で補填するとか、臨時財政対策債などの形で補填するかなどの地方交付税の財源捻出方法を決める折衝です。

さて、ここでは、自治体にとっての補助事業、単独事業について考えてみることにしましょう。図3－3は、地方財政計画のうち、補助事業と単独事業のみを抜き出したものです。歳出には、補助事業と単独事業があり、補助事業には国庫補助金が充当されています。一方、この歳出をまかなう歳入は、国庫支出金と地方税と財源不足額としての地方交付税からなり、歳出と歳入は一致しています。したがって、補助事業のうち国庫支出金を充当しない部分（いわゆる補助裏）と、単独事業のうち地方税を充当しても足りない部分は、地方交付税が充当されているということができます。

一般に、地方税や地方交付税は一般財源とされ、自治体が自由にその使途を決めることができるとされていますが、先ほどの高齢者福祉の経費を典型に、地方財政計画では相等の使途が想定されて計上されていることに注意しておくことが必要です。補助裏だけでなく、容易に削減できない単独事業であっても、一般財源が当たっているのです。

かつて、三位一体改革・国庫補助負担金の改革において、義務教育学校の教員人件費の負担割合を1／2から1／3に引き下げ、引き下げ分は税源移譲の一部を充てることとされたことに対し、全国知事会等から「教員の人件費として歳出が定められており、補助率が引き下げられても自由度が高まらず、地方分権にはつながらない」趣旨の反発がみられたことが思い起こされます。同様に、高齢化にともなって高齢者福祉に充当する経費が増えてはいて、国庫補助・負担金とともに高齢者福祉の経費に充当するための地方交付税も増嵩してはいますが、地方交付税が増額されたとしても、「自由な財源」が増えなければ、自治体側の裁量がふえ、地方分権らしいとはいえないと、筆者は考えるところです。

さて、二〇二四年度の地方財政計画に、「こども・子育て支援事業費」として、一般行政経費（単独）として一〇〇〇億円が計上され、基準財政需要額の算定において「一八歳未満人口を測定単位とする「こども子育て費」を算定項目として採用」されるとされました。

総務省資料には、「子ども家庭庁予算の増額とは別枠で単独事業に充当するため」とされていますが、一〇〇〇億円という規模感はあまりにも少ないでしょう。子ども家庭庁予算の規模は、二〇二四年度予算で約一兆八一八六億円もあり、二〇二三年度当初予算比で三五〇〇億円増となっています。子ども・子育て支援交付金の補助率を仮に1／2とした場合、補助裏の増加額は同額の三五〇〇億円となります。国において国庫支出金を増額したとしても、じっさいに事業を実施する自治体においては、補助裏である三五〇〇億円の財源が必要なのです。三五〇〇億円の財源をねん出できるほど地方財政にゆとりがあるとは思えませんから、子ども・子育て支援に取り組めと号令がかかったとしても、国のほうで子ども・子育て関連の補助金を増額したとしても、補助裏の財源保障がなければ、自治体はそう簡単には動けないのです。こども子育て費は増加する補助裏に充てるためのものと考えることができます。

近年地方財政の一般財源そのものは増えています。一方で、地方創生推進交付金をはじめ、国庫補助金の比重も高まっています。新型コロナ対応地方創生臨時交付金のように国庫補助率一〇割の補助金もありますが、多くの国庫支出金は、地方創生推進交付金のように補助率は五〇％です。残りの五〇％は、補助裏としては、自治体自らが用意せざるをえないのです。各省庁で担当する補助事業に充当される国庫支出金の見込み額は地方財政計画の歳入にほぼほぼ正確に見積もられていると思われますが（総務省の事務分掌では、自治財政局調整課が担当しています）、地方交付税・基準財政需要額の算定において、国庫支出金のすべてが歳入における特定財源として計上されているわけではありません。

では、補助裏をどのように財源保障しているのでしょうか。

たとえば、地方創生推進交付事業は、次のような財源構成でした（熊本県地方創生財源ハンドブック https://www.pref.kumamoto.jp/uploaded/attachment/186683.pdf の二七ページ）。地方創生推進交付金は、いわゆる「箱もの」や正規職員の人件費には充当できないなどの条件はあるのですが、自治体の策定する「地域再生計画」に掲載している事業に充てるものであれば、補助要綱上の縛りはそう強くはなく、所要経費の１／２が交付される国庫支出金です。

・地方創生推進交付金　事業費の１／２
・１／２の地方負担については、地方財政措置を講じる。
・地方負担分については、その半分は標準的な経費として普通交付税により、残りの五割については、事業費に応じて特別交付税により措置される。

「標準的な経費として普通交付税により」とはどういうことでしょうか。地方創生に関して基準財政需要額の算定にあたって人口減少等特別対策事業費という項目が新設されました。これを充てるということです。市町村分の単位費用は、人口一人あたり三四〇〇円です。成果指標をもとにする補正係数もありますが、人口の少ない自治体を割り増す段階補正もつくので、人口一万人の町村では、約五〇〇〇万円程度の地方交付税となります。そして、地方創生は、地方創生推進交付金などの国庫支出金をえて行う事業のみならず、単独事業の出番でもあります。そのための財源として十分かどうかの論点も残りますが、それなりの財源保障となっているとはいえるでしょう。

このように、単独事業であれ、補助裏の財源保障のためであれ、基準財政需要額の算定がなされるようになり、地方税収の減収を補う地方交付税の算定となっているようです。

留保財源は「自由な財源」なのか

留保財源とは、地方税収等のうち基準財政収入額としてはおおむね七五％が計上されていますので、のこりの二五％分の税収等を指します。近年の地方税収は、四〇兆円弱ありますから、一〇兆円弱が留保財源の規模となっています。この留保財源は「自由な財源」かどうかについて考えると、留保財源も、歳入と歳出が一致する地方財政計画の歳入として計上されていますから、全額が「自由な財源」とはならないでしょう。

一般に、留保財源の使途は「都市的需要」であるとされています。都市における特別な需要は地方財政計画で詳

表3－2　基準財政需要額（市町村分）のうち公債費と事業費補正

（単位：億円、％）

	歳　出 （公債費） （A）	基準財政需要額 （公債費） （B）	基準財政需要額 （事業費補正による増額） （C）	（B＋C）/A
2007年度	64,911	25,455	17,167	65.7％
2017年度	56,229	33,425	9,671	76.6％

出所：『地方交付税関係計数資料』各年版より作成。

細を盛り込むのは難しいでしょうし、都市部は地方税収が多く留保財源も大きいから、なるほどと思われます。

このほか、公債費に留保財源が充当されると指摘されることがあります（小西、二〇一二）。たとえば、合併特例債でみると、その償還にあたって七〇％が基準財政需要額に算入されるとされているのですが、では残りの三〇％はどの財源から充当されるのかといえば、留保財源からでしかありません（先ほどの図3－3での、「国庫支出金」を、公債費のうち交付税で措置される部分、と置き換えてみれば理解しやすいでしょう）。地方債の算入率について見てみると、起債の種類によって異なり、たとえば災害復旧事業費は自治体の負担のほとんどない九五％、過疎債などでは七〇％に設定される一方、公害防止事業債では五〇％となっています。公害防止事業債は、都市的生活様式を守るための公害防止事業のためであることが想定され、都市部の自治体において留保財源を多めに充当する制度設計であろうと思われます。

地方財政計画においては、地方債の償還に充てる部分の財源は、基準財政需要額で算定される公債費と、いわゆる事業費補正、それに留保財源を充てる部分の合計だと考えられます。『地方交付税関係計数資料』によれば、毎年の事業費補正による増額が計上されており、各年度を比較することができます。二〇〇七年度と二〇一七年度の比較をしてみると、表3－2のようになります。

表3－2のとおり、基準財政需要額として算定される公債費と事業費補正の合計額は一〇年間でほぼ同額ですが、歳出（公債費）が低減しているため、その割合は増加しています。なお、基準財政需要額の公債費としては、臨時財政対策債が大きな部分を占めていますし、事業費補正については、道路橋梁費（臨時地方道整備事業債など。二六八〇億円→一五二五億円）、地域振興費（地域総合整備事業債など。二八五〇億円→五七三億円）など、かつては多額の事業費を反映して多額を計上していたものが、起債そのものの減少にともなって償還額も減少していることがわかります。留保財源を公債費に充当している割合は低減しており、「自由な財源」として充当できるようになっているということができます。

この間の傾向でいえば、留保財源のうち公債費に充当しなければならない部分が少なくなっているといえるでしょう。「自由な財源」として活用できる部分が増えているようです。

ふるさと納税

地方税の超過課税は、地方財政計画の枠外であり、自治体にとって「自由な財源」となっています。法定外目的税であっても、導入することで従来は充当していた一般財源が相等分少なくなるので、「自由な財源」として活用できます。もっとも、一部の自治体で固定資産税の超過課税は実施されていますが、超過課税そのものは、件数、金額ともあまり多くはありません。

ふるさと納税（ふるさと寄付金）も寄付金であり、「自由な財源」です。もちろん、返礼品代や仲介業者の手数料などの経費がかかりますが、ほぼ五割は、自治体の手元に残ります。「ふるさと納税」の受入額は、二〇一五年度で一〇〇〇億円をこえ一六五三億円となり、二〇二一年度で八三〇〇億円となっていますので、地方財政全体としては数千億円の規模で「自由な財源」となっています。また、近年では、クラウドファンディングの一種である、ガバメントクラウドファンディングを導入する自治体もあるようです。

個々の市町村の規模によっていくらくらいの収入となっているかの資料は見当たらないので、「類似団体別市町村財政指数表」によって推計してみましょう。

二〇二一年度の類似団体別市町村財政指数表によって、寄付金収入（のうち一般財源等項目）の平均額と人口をみると、町村Ⅰ－0類型で二二、一〇五円（類型町村の平均人口（以下同じ）二、九四七人）、町村Ⅱ－0類型で九、三〇七円（七、二二七人）、町村Ⅲ－2類型で五、七八八円（一二、六四八人）、町村Ⅳ－2類型で四、七九五円（一七、四六五人）、町村Ⅴ－2類型で、四、四一九円（三一、五三〇人）となっています（類型Ⅰのローマ数字が小さい方が人口が少なく、－2のアラビア数字が大きいほうが第二次・第三次産業従事者が多い）。あくまで平均の話であり、牛肉や海産物の返礼品を用意している自治体に有利であることを割り引いて考えなければなりませんが、一自治体当たりで相当の「自由な財源」となってはいます。

まとめ

本稿では、とくに「自由な財源」の視点から、近年の地方自治体の歳入状況を確認してきました。人口減少や高齢化のもと、一般的な傾向として住民税収は減少することが想定されます。一方、税制改革の結果、地方消費税交付金や法人事業税交付金といった財源が、市町村に厚く配分されるようになりました。住民税収を補う役割を果たしています。また、地方交付税の制度設計においても、補助事業における補助裏を財源保障する仕組みが用意されるようになりました。加えて、二〇世紀に行われた公共事業のための起債の返済のための交付税措置が減額しており、その分は「自由な財源」として余裕が生まれているようです。

これらによって、人口減少の結果減少する地方税収を補填してはいるように思われます。今後もこの傾向が続くかどうか、注視しておかなければならないでしょう。

なお、法人事業税交付金を典型に、都市部の自治体から地方部の自治体への再分配ではないか、という批判があります。このことついても、引き続き考えておかなければならないでしょう。

参考文献

小西砂千夫（二〇一二）『政権交代と地方財政』ミネルヴァ書房

中島正博（二〇一九）『「競争の時代」の国・地方財政関係論』自治体研究社
中島正博（二〇二二）「人口減少による町村の地方交付税配分の変化についての考察」『日本地域政策研究』第二九号

第四章　小さいまちとむらの教育課題と可能性

朝岡幸彦

第一節　はじめに

小さな町や村の多くが過疎化・高齢化という課題を抱えているため、少子化問題に直面せざるをえなくなっています。子どもが少ないということは、子育て世代が少ないということであり、この問題を解決するためには子育て環境を充実させなければなりません。しかしながら、現実には子どもの減少を理由に子育て環境の鍵を握る保育所や学校の統廃合が、小規模自治体ほど進められようとしています。

ここでは、小さな町や村にある小さな学校や公民館が、優れた教育・学習の場として機能する可能性を持つことを確認し、それが「小さくても輝く自治体」を支える重要な役割を果たすことを明らかにしたいと思います。

第二節　「ふるさと」を支える教育・学習空間

一　地域から失われる学びの場

いま学校の存続をめぐって、地域は大きく揺れています。これまでにも地域の過疎化と子どもの減少を受けて、僻地校を統廃合する動きは見られました。しかしながら、現在の学校統廃合問題は、平成の大合併による周辺地域（旧町村部）の急速な人口減少と「増田レポート」に代表される消滅可能性都市という予測をもとに、総務省が各自治体に策定を求めた公共施設等管理計画（二〇一四年／平成二六年）の策定のなかで進められているものです。これに、学校教育法の改正（二〇一六年／平成二八年）による小中一貫の「義務教育学校」の設置や五八年ぶりに改定された文科省の学校統廃合の『手引き』によって、学校統廃合は過疎地のみならず都市部でも進められようとしています。

こうした動きに対して、「学校統廃合と小中一貫教育を考える全国集会」が毎年開催され（二〇一〇年／平成二二年以降）、そのネットワーク組織も設立されました（二〇一六年／平成二八年）。各地における学校統廃合反対運動のなかから、計画を凍結させたり、撤回させるなどの成果も生まれています。これまでの学校統廃合反対運動が、主に教師や父母を中心とした学校関係者によって担われてきたのに対して、現在の運動が地域の存続の鍵を握る問題として多くの住民を巻き込みつつあることに注目する必要があります。

さらに、地方教育行政法の改正（二〇一四年／平成二六年）によって教育委員会への首長権限が強化される中で、中央教育審議会が社会教育行政の学校支援・家庭教育支援へのシフトを求めていることにも注意しなければなりません。まさに、学校統廃合問題は社会教育行政を巻き込む、地域の存続問題としての様相を呈しているのです。

二　基礎自治体の統廃合と学制改革

自治体の原型を江戸時代の「ムラ」である自然村にあると仮定すると、もともと全国には七万一四九七の基礎自治体（一八八三年／明治一六年）がありました。これが小学校の設置をともなう明治の大合併（一八八八年／明治二一年）で、約五分の一にあたる一万五八五九市町村に統合されたのです。また、新制中学に対応する町村合併促進法（一九五三年／昭和二八年）と新市町村建設促進法（一九五六年／昭和三一年）による昭和の大合併で、三四七二市町村（一九六一年／昭和三六年）に統合されました。さらに、地方分権推進一括法（二〇〇〇年／平成一二年）による平成の大合併が進められたことで、半分以下の一七一八市町村（二〇一六年／平成二八年）にまで減少しています。この間の日本の人口は、国勢調査に基づく限り、五五九六万三〇〇〇人（一九二〇年／大正九年）から一億二六七〇万六〇〇〇人（二〇一七年／平成二九年）に増加しているため、人口が二倍強になっているにもかかわらず基礎自治体の数は一万二三一五市町村（一九二二年／大正一一年）から八六パーセントも減少しているのです。単純ではないものの、この基礎自治体の都市化（大規模化）と数の減少が小・中学校の数に影響を与えていることは確かでしょう。

事実、かつて学制（一八七二年／明治五年）が定めた小学校の数は五万三七六〇校でした。戦後の新学制の実施時に小学校の数は、ほぼ半分の二万五二三七校（一九四八年／昭和二三年）になっています。その後、一九六〇（昭和三五）年頃までわずかに増加しますが、高度経済成長の始まりとともに減少し、一〇年後にはほぼ一割が減少しています。さらに、二〇〇〇（平成一二）年頃まで微増減を繰り返しながら、この一五年間で約三五〇〇校、二万六〇一校（二〇一五年／平成二七年）にまで減少しているのです。地域の教育・学習の拠点であり、「地域の学校」として深く愛されてきた公立小学校は、地域の過疎化や自治体合併によって地域から遠く切り離されたものとなってきました。小学校と同じく、二〇〇〇（平成一二）年以降にその数を大きく減らしているのが公民館です。一九九九（平成一一）年の一万九〇六三館をピークに、公民館（類似施設を含む）は一万四八四一館（二〇一五年／平成二七年）へと二三パーセントも減少しています。

小学校と公民館は、まさに子どもから大人までの生涯にわたる住民の学習の場として位置付いてきたのであり、こうした教育施設が地域から失われることは地域の消滅に拍車をかけることになります。それは同時に、自治の基盤としての基礎単位がより広域化・大規模化することで、住民の主体性や参画を促しにくくなるといえるでしょう。

三　学校支援にシフトする社会教育

第三次安倍政権のもとで、地方自治体の教育委員会制度の仕組みを大きく変える地方教育行政の組織及び運営に関する法律の一部を改正する法律が施行されました（二〇一五年／平成二七年）。①教育委員長と教育長を一本化した新「教育長」（任期三年）を設置すること。②教育長へのチェック機能を強化して会議の透明化を図ること。③すべての自治体に「総合教育会議」を設置すること。④教育に関する「大綱」を首長が策定すること。⑤国が教育委員会に指示できる規定を明確化すること。国が地方分権を進める中で、教育委員会制度も一定の分権化が図られてきました。教育長の任命制度の廃止や市町村立学校に関する都道府県の基準設定権の廃止（一九九九年／平成一一年改正）、教育委員の構成の多様化や教育委員会議の原則公開（二〇〇一年／平成一三年改正）、学校運営協議会の設置（二〇〇四年／平成一六年改正）などです。この改正は、教育行政における責任の明確化を主要な目的として首長の役割を決定的に強化するものであり、教育委員会制度そのものの性格を大きく変える可能性がありました。

地方教育行政法の改正によって教育委員会への首長権限が強化される中で、中央教育審議会は社会教育行政の学校支援・家庭教育支援へのシフトを求める三つの答申を同時に発表しました（二〇一五年／平成二七年）。とりわけ「学校と地域の連携・協働」答申は、「都道府県や市町村の教育委員会内において、コミュニティ・スクールや学校運営改善施策を担当する学校教育担当部局と、学校支援地域本部や放課後子供教室等の施策を担当する社会教育担当部局との連携・協働体制の構築が不可欠である」と、社会教育行政の学校支援機能への大きな期待を語っています。これらを受けて、生涯学習政策局長から『社会教育主事講習等規程の一部を改正する省令の施行について（通知）』（二〇一八年／平成三〇年三月）が出され、社会教育主事養成課程修了者及び社会教育主事講習の終了証書授与者は「社会教育士」と称することができるとされました。

そして、二〇一八（平成三〇）年八月には社会教育課及び生涯学習政策局の廃止を含む「機構改革のための概算要求事項」が公表され、地域学習推進課及び総合教育政策局へと再編されました。この機構改革の中で一つの目玉とされていた文化庁への博物館行政の移管にともなって、中教審公立社会教育施設の所管の在り方等に関するワーキンググループが開催され、公民館・図書館・博物館の市長部局への移管が可能となりました。

四　見直される学校・社会教育空間

これまで学校はまちがいなく地域の拠点でした。地域で生まれた子どもたちは、学齢期に達すると地元の学校に通い、小・中学校の期間を地域で過ごします。かつては、子どもたち以外の青年や大人も学校に集い、教師をチューターとして学校を拠点に豊かな学習・文化活動を繰り広げていました。いつからか学校は子どもと親、限られた人たち以外に、地域の住民を寄せつけない空間になってしまったのです。

しかし、いまも学校は地域の拠点であり、地域の宝です。ひとたび災害が起これば学校は避難所となり、普段から学童保育やスポーツ活動の場になるところもあります。とりわけ、少子高齢化に悩む地域にとって、学校が子育て世帯を定住させるための必須アイテムとなっているのです。学校のないところには、若い世代は定住しません。学校と公民館は地域再生の切り札であるにもかかわらず、財政問題を理由に安易に統廃合の対象となりやすいのです。しかし、基礎自治体である市町村にとって、学校統廃合の財政的メリットはわずかです。学校と公民館をともに守ることで、地域〈ふるさと〉の未来が切り開かれるのです。

第三節　地域における高等学校の意味と地方留学

一　地域に高校がなぜ必要なのか

第一に、基本的に、教育は「私事」であるということが前提としてあり、子どもや親の教育権は尊重しなければなりません。国家をはじめとした行政は、私事である教育にあまり介入してはならないというのが、憲法上の解釈になっています。一方で、教育は公共財としての性格を持つことから、教育の「公共性」も問われてきました。憲法学者の河岸令和さんは、教育の公共性の結果として「人々が共通に不可欠とするものである限り、その提供はその性質に沿った適切な水準で公平適正になされなければならない」と解釈されると述べています。つまり、自由を担保しながらも、公共財である教育はすべての子どもたちに、さらにすべての人びとに、適切な水準で公平に保障されなければならない、ということです。これが、地域の高校の問題を考える大前提になっています。

ここから、子どもが少なくとも通える場所に高校を立地しておく必要があるという考えが導き出せます。一般的に、これは義務教育の小・中学校で適用されるものですが、現代日本においてはすでに高校も義務教育に準ずるものと考えられているので、高校も適用されると考えるべきでしょう。

第二に、地域の高校が減少していることです。公開されている一九九二（平成四）年から二〇二〇（令和二）年ま

表4－1　全国の高等学校の学校数と生徒数の推移

	1992年	2000年	2005年	2010年	2015年	2020年
学校数（校）	5,501	5,478	5,418	5,116	4,939	4,874
（1992年を100とした比率）	(100)	(99.6)	(98.5)	(93)	(89.8)	(88.6)
生徒数（名）	5,218,497	4,727,945	3,605,242	3,368,693	3,319,114	3,092,064
（1992年を100とした比率）	(100)	(90.5)	(69.1)	(64.6)	(63.6)	(59.3)
1校あたり生徒数	949	863	665	658	672	634

での約三〇年間の高校数と生徒数を比較すると、高校数が一〇数％減少しているのに対して、生徒数は約四〇数％減少していることがわかります（表4－1）。その結果、高校一校あたりの生徒数は九四九名から六三四名となり、学校の規模は約三〇〇人ほど小さくなっているのです。もちろん、これは全国平均なので、大都市をはじめとした都市部と、農山漁村地域、高齢化地域とは異なるものの、平均値で見ても学校の規模が小さくなっていることは明らかです。

第三に、学区（学校区）についての問題です。学区は小・中学校でよく使われる概念ですが、高校にも学区があります。例えば、北海道では「北海道立高等学校通学区域規則」によって通学区が決められています。「地方留学」は主に全国から生徒を集める高校の取り組みをさしますが、もともと高校は地域の子どもたちの教育を担うものであり、学区はその考え方を示しているのです。

第四に、町村立高校がもつ歴史的な意味についてです。北海道は面積が広いだけでなく、町村立高校が比較的に残っています。札幌市をはじめとした市立の学校は若干性格が異なるものの、北海道に市町村立高校が三一校あります。いまは道立高校となっている学校の中には、歴史をたどると地元の子どもたちのために地域でお金を出し合ってつくった町村立高校であったものもあり、地域との結びつきも強いのです。例えば、音威子府村立高校は村が五つの条例をつくって高校を運営しており、そうした基礎自治体が独自に高校教育をになっていることをどう考えるのかということです。

二　高校への地方留学をめぐる課題と可能性

高校への地方留学に何が期待できるのか、五つの課題と可能性を指摘できます。個人的には可能性の方が大きいと思うものの、可能性を実現するためにも課題にきちんと目を向けなければならないでしょう。

第一に、地域の高校を存続させるべきなのかという問題です。これに対して二つの考え方があります。一つは、子どもが一人でもいる限りは、その子どもの高校教育を保障しなければならないという考え方です。その意味では、地元の生徒が大事な鍵を握っています。一人の生徒のために高校を維持できるかどうか。そこでもう一つ、全国から多様なニーズをもつ子どもたちを集めて、特定の自治体や高校が保障するという考え方もあります。

第二に、地域の高校をどこまで小さくできるかという問題です。小・中学校については数一〇年ぶりの改訂であったものの、二〇一五（平成二七）年に文科省が「公立小学校・中学校の適正規模・適正配置に関する手引」という文書を出しています。ここには「五学級以下の小学校、二学級以下の中学校は、一般に教育上の課題が極めて大きいため、学校統合等により適正規模に近づけることの適否を速やかに検討する必要がある」とあります。このとおりに実施すると、複式学級のある学校はすべて統廃合の対象となってしまいます。しかし、実際には小規模校ほど教育効果が高いという指摘もあるのです。複式学級だからといって教育効果が小さくなるのではなく、むしろ教員一人当たりの児童・生徒数が少ないほど教育効果が高いというのは、一般的にも考えられるはずです。さらに財政的にも、少なくとも基礎自治体である市町村にとっては、公立小・中学校を統廃合するメリットはあまりありません。小・中学校に関しては人件費を含めて経費のほとんどを国と都道府県が負担しているため、市町村の負担が小さくなるわけではないのです。それなのになぜ統廃合しなければならないのか、どんなに小さくても小・中学校は残した方が良いのではないでしょうか。

第三に、高校を卒業した後、大学などの進学希望をどのように実現するかという問題です。外部から来た生徒と地元の生徒との間には学力差がある可能性が指摘されています。どうしても、モチベーションの高さや親の経済力の差もあり、地域外から入学する生徒の方が、地元の生徒よりも一般的に学力が高くなると予想されています。特色ある高校ほどＡＯ入試を使って希望する大学に進学させる可能性は高いものの、生徒の学力が果たして平準化するのかという問題です。

これは、外部から来た生徒と地元の生徒との融和や、卒業生の回帰が可能なのかということでもあります。長野県泰阜村のＮＰＯ法人グリーンウッドの事例では、コロナ前に保育所に「待機児」が発生したとの報告がありました。また、「限界集落がなくなる」と予測されており、その兆候が見られたのです。「Ｓターン」と呼ばれる、キャンプや山村留学で来た子どもたちが、大人になってから泰阜村に定住して子育てをするという、過疎・高齢化した村ではあまりない現象が起きています。人数は少なくとも、小さな村ほどその効果は大きいのです。

第四に、財政問題です。都道府県立高校は都道府県費で多くが賄われていますが、存続させるためには基礎自治体もかなりの支出をしなければなりません。そこをどう考えるのかという問題です。町村立高校の存続は、かなりの財政的な負担を覚悟しなければなりません。

第五に、地域の存続と高校の存続をどう両立するのか、いわゆる「教育立町・村」の可能性であるとともに、高校に地元の生徒が一人もいなくなることはないのかという問題です。

第四節　「公民館」が動詞として使われるマチ

「公民館」は、いまから七〇年ほど前に、新憲法（日本国憲法）の公布を受けて日本社会の民主化と復興を実現するために設置された「オトナの学校」「民主主義の学校」と考えてもよいでしょう。ふつう「公民館」は施設（ハコモノ）を指す言葉として使われますが、長野県飯田市では（公民館）活動を指す言葉として使われています。この違いは、市内に二〇の地域自治区が設置され、自治振興センター（支所）と公民館が必ずセットで配置されていることからもわかります。地域自治区は、地方自治法と合併特例法に規定のある域内分権のシステムです。ここに、自治体は一定の予算と権限を委譲して、地域内の自治を促そうとします。飯田市は、平成の大合併以前から旧町村を単位に地域自治区及びそれに準ずる制度を導入してきました。その自治の要として、公民館が住民の集会と学びの場となってきたのです。

飯田市には、「ムトス」運動（一九八二年／昭和五七年以来の都市づくりの行動理念／「んとす」＝「…しようとする」という意味）に象徴される、住民の自発的な意志や意欲、具体的な行動による地域づくりを奨励する文化や一連の施策があります。そうした住民の主体性を引き出す施策を、若手・中堅職員を意識的・継続的に公民館主事（二〜五年程度）として発令してキャリア形成させる仕組みや、職員（病院を除く一般事務職員）の一三％強を出先にあたる自治振興センター及び公民館に配置するという地域展開型行政（市役所等に機能を集約する拠点集約型行政の対極に位置付けられる）に見ることができます。

飯田市に限らず、優れた地域づくりの取り組みの形を真似ても、それぞれの地域で優れた実践ができるわけではありません。大切なことは、地域の住民や組織の構成員が全体の課題を自らの課題として主体的に位置付け考えることであり、その条件を意識的・系統的に整備することが自治体や組織には求められているということです。二〇三〇（令和一二）年までにＳＤＧｓ（持続可能な開発目標）を実現するために、各国政府と企業とが具体的な取り組みを強化する中で、そのアジェンダの前文にある「だれ一人置き去りにしない」世界の実現が求められています。私たちの誰もが地域の主人公となる地域づくりが、まさにいま求められているのでしょう。

第五節　おわりに

多くの小規模自治体にある僻地校や複式学級は、決して教育効果の低い学校ではありません。むしろ、一斉授業に適した大規模校よりも、児童・生徒の一人ひとりに「個別最適化された学習」を保障する上では小規模校の方が適しているとも考えられます。コロナ禍を経て、学校をめぐる教育環境は大きく変化しています。賛否はあるもののＧＩＧＡスクール構想の前倒しとして導入された小・中学生へのタブレット端末の配布と利用は、学校における授業のあり方を確実に変えつつあるのです。Ｗｉ－Ｆｉ環境さえ整えられれば、子どもたちはどこにいようとも、何を学ぶにしても自由に学ぶことができるのです。あとは、子どもの学習を支える教師や地域の大人が、それに相応しい教育や支援を行うことです。

日本では学制発布とともに一五〇年前に導入された一斉授業方式を、そろそろ学校教育の枠組みの中でも見直す必要が出ています。約三〇万人に上る不登校児童・生徒の数がそれを象徴するとともに、タブレットを使用した授業の展開や生成ＡＩを活用した教育の模索が、ますます学校教育のあり方を急激に変えようとしているのです。コミュニティ・スクールや自由カリキュラムの実践では、明らかに小規模校に優位性があります。まさに、小規模校を抱える小規模自治体が「教育立町・村」政策で、テレワークをする子育て世代の「教育移住」の受け皿になりうるのです。

小さな自治体であるからこそ、「だれ一人置き去りにしない」地域社会の実現に期待します。

＊本稿は、朝岡・石山「学校存続の意義とふるさとの未来」（月刊社会教育、二〇一八年九月号）、朝岡「地方留学と農山村の未来」（林業経済Ｖｏｌ七五Ｎｏ一二、二〇二三年三月）、朝岡「地方創生実践塾ｉｎ飯田市」（地域づくり本編、二〇一九年一月号）の原稿をもとに執筆しました。

第五章　「小さくても輝く自治体フォーラム」運動の歩みと歴史的意義

岡田知弘

はじめに

二〇〇三（平成一五）年二月二一日と二二日、長野県栄村のさかえ倶楽部スキー場に、全国から四六人の首長（田中康夫長野県知事を含む）をはじめ六二〇人余りの地方議員、自治体職員、住民、研究者の皆さんが集い、第一回目の「小さくても輝く自治体フォーラム」が開催されました。それから二〇年余り、このフォーラムは、その歩みを続けてきました。

本章では、このフォーラム運動の歩みを振り返るとともに、日本の地方自治史上に果たしている歴史的意義について、私見を述べてみたいと思います。

ちなみに、私は、二〇〇三（平成一五）年九月に長野県阿智村で開催された第二回フォーラムで報告したのち、校務の関係で参加できなかったのですが、二〇〇五（平成一七）年六月の新潟県関川村での第五回フォーラム以降は何らかの形で参加してきました。とはいえ、二〇〇四（平成一六）年春に同フォーラムの事務局をしている自治体問題研究所の副理事長となり、さらに〇六（平成一八）年からは、加茂利男理事長の後任理事長となったことにより、フォーラムについての取り組みについては、ほぼ把握してきたつもりです。

そこで、本章では、フォーラム運動が開始された時点から現在に至る取り組みを、残された記録と、私の個人的な記憶や思い出をもとに、述べてみたいと思います。

第一節　フォーラム運動は、いかにして始まったのか

フォーラム運動は、小泉純一郎内閣による構造改革の一環である市町村合併政策への対抗として開始されたものです。すでに、小渕恵三内閣期の一九九九（平成一一）年に合併特例法が制定されたのち、森喜朗内閣期の二〇〇〇（平成一二）年には行政改革大綱において、市町村合併後の自治体数を一〇〇〇にすることが決められていました。当時の市町村数は三二三二であり、それを三分の一以下にすることが方向づけられていたのです。さらに小泉内閣期の二〇〇一（平成一三）年一一月に発足した第二七次地方制度調査会（会長：諸井虔、副会長：西尾勝）において、今後の「基礎的自治体のあり方」について本格的な議論が開始されます。いわゆる「平成の大合併」が、行財

政面でのアメとムチを活用しながら積極的に推進されていく局面でした。

とりわけ同調査会の専門小委員会において、小規模町村のあり方が議論の中心になったことから、同年九月二八日に自治体問題研究所は「市町村合併と地方制度改革」と題するシンポジウムを開催します。その席上で、首長や議会、行政関係者を招いて、小さな自治体のナマの声を集めたシンポジウムが企画できないかという提案があり、日本一の豪雪地帯である長野県栄村の高橋彦芳村長が、その開催地を引き受けたという経緯がありました（『住民と自治』二〇〇三年四月号）。

その動きを加速させたのが、同年一一月一日に西尾勝地方制度調査会が提案した「今後の基礎的自治体のあり方について（私案）」でした。そこでは、合併特例法以降に残った一定人口規模未満の「団体」は、窓口業務のみを担当する特例的な団体になるか、合併するかを選択し、特例的な団体になった場合は近隣の大きな自治体が水平補完するか、都道府県が垂直補完するか、どちらかにすべきという驚くべき内容でした。これが、いわゆる「西尾私案」でした。

この私案が明らかにされると、それまで進まなかった市町村合併への動きが一気に加速していきました。加茂理事長（当時）は、その役割を「銃声一発で水鳥をいっせいに飛び立たせ，合併の方向へ駆り立てるような文書」（「『平成市町村合併』の推進過程」『都市問題』第九四巻二号、二〇〇三年二月）と実に的確に表現しています。他方で、このような政府による強制的な市町村合併、とりわけ小規模自治体の廃止政策に対して、心ある地方自治体関係者は勇気をもって声をあげていく道を選びました。

全国町村長大会に合わせて、二〇〇二（平成一四）年一一月二七日に、高橋彦芳栄村長、黒澤丈夫群馬県上野村長、石川隆文福岡県大木町長、逢坂誠二北海道ニセコ町長、根本良一福島県矢祭町長の五首長が、共同記者会見を開き、五人が呼びかけ人となって翌年二月に「小さくても輝く自治体フォーラム」を栄村で開催すると発表します。この記者会見において、「合併しない宣言」で全国に名をはせた根本矢祭町長は、「今の平成の合併は自主的な判断でと言いながら、小規模自治体の権限をとりあげるという。こんなわかりにくい政治でいいのでしょうか」と問いかけました（『住民と自治』二〇〇三年一月号）。この頃になると、西尾私案の人口規模の線引きをめぐって、一万人とか六五〇〇人の具体的数字がでてきて、少なくない町村の首長が浮足立っていました。

このフォーラムでは、「小規模自治体の豊かな成果を学びあい、自主的創造的な自治体づくりの可能性を探る。合併か自立か―走りながら考える場」にすることが目的と掲げられており（同上）、六〇〇人を超える首長や議員、職員、住民、研究者が集まったのでした。そして、最終日に、参加者一同による「雪国からのアピール」が採択されます。そこでは、「小規模自治体といえども、憲法をはじめ、法と正義によって自分たちの町や村の将来を自ら決めていく権利が保障されていることを一致して確認」したうえで、「政府に対して小規模自治体に対する強制的合併の政策をやめ、その自治的発展を保障することを強く求めます」と述べるとともに、「この日本の自然と文化・産業の未来にとってかけがえのない小規模自治体を守り、さらに輝くものにしていくために、住民の力を基礎に、都市に住む人々と共にさらに力強く歩んでいきましょう」と締めくくりました。政府による強制的合併政策を止めることと併せて、住民主体の地域づくりを行うために、都市の人々とも交流していくという考え方は、その後のフォーラム運動に継承されるとともに、フォーラム最終日のアピール採択という方法も、定着していくことになりました。

この栄村でのフォーラムの様子は、テレビや新聞等を通して全国報道され、大きな反響を呼び、合併以外の自治体のあり方を模索していた首長や議員、住民、そして市町村合併によって地方財政危機の克服も地域経済の発展もなされるという政府の合併推進論に疑問をもつ多くの研究者の関心を高め、励ましていきました。同年の九月に第二回のフォーラムが、岡庭一雄村長の下で自律の村を追求していた長野県阿智村で開催され、私も講演の機会をいただきました。この時も、田中長野県知事が登壇し、多くのマスコミが注目、報道してくれました。各自治体の取り組みの交流に加え、地域経済論や地方財政論の視点から、政府の合併推進政策の理論的・政策論的問題が解明されるとともに合併に代わる広域連合制度の活用などの対案が示されました。さらに小規模自治体でも自律した財政運営や地域づくりができることが明らかになり、参加者の確信となっていきました。

また、大阪をはじめ全国の都市部で合併反対の運動をしている議員や住民が参加したり、社会教育、地域社会学、行政学や行政法など、様々な分野の研究者が集いました。とりわけ、その後、参加者が最も楽しみにしていた、地元の食材や地酒を飲食しながらの夕食交流会は、竹下登志成自治体問題研究所事務局長の軽妙な司会によって、都道府県別に参加者が登壇し、自分たちの町村のアピールを行ったりして、首長や議員、住民、研究者とが活発に交流する有益な機会となりました。

第二節　「平成の大合併」の頓挫とフォーラム運動

一九九九（平成一一）年に制定された合併特例法は、五年間の時限立法でした。小泉内閣は、西尾私案に続き、「三位一体の改革」を発表し、小規模自治体ほど地方交付税交付金を多く削減する「兵糧攻め」を強めていきました。けれども、合併協議会に参加する市町村は増えましたが、政府が思うように合併は進みませんでした。そこで、合併特例を一部縮小しながら、新合併特例法を二〇〇五（平成一七）年から一〇（平成二二）年までの時限立法として制定し、さらなる合併政策を推進しようとしました。第一次安倍政権下の二〇〇七（平成一九）年夏に、第二九次地方制度調査会が発足し、パナソニックの中村邦夫会長が会長職について、安倍首相が推進役であった道州制を念頭においた今後の基礎自治体の再編策や地方行財政制度のあり方の議論が始まりました。とりわけ中村会長の推薦母体である日本経団連は、三〇〇基礎自治体への再編を提唱しており、さらなる合併が進められようとしていた局面でした。

このような政府の動きに対して、フォーラムは一年度に二回のペースで、長野県原村、群馬県上野村、新潟県関川村、福島県矢祭町、岐阜県白川村、宮崎県綾町、香川県三木町、長野県下條村、埼玉県小鹿野町、三重県朝日町、福島県大玉村というように、ぞくぞくと自らの町、村での開催を表明した自治体を巡りながら開催されていきました。なかでも、二〇〇六（平成一八）年一月に矢祭町で開催された第六回フォーラムには、全国から一三〇〇人近くが参加しました。佐藤栄佐久福島県知事の挨拶や小規模自治体の優れた実践と合併自治体の失敗例が報告されました。これを、多くのマスコミが全国報道し、「平成の大合併」の問題点が明らかになるとともに、自律した小規模自治体の優位性が明らかとなっていきました。また、この時から、全体会とは別にテーマごとの分科会方式も導入され、より密度の高い意見交換や交流ができるように工夫されました。

初期のフォーラムは、毎回、呼びかけ人を募り、開催地自治体の首長や職員と調整しながら開催要綱や受け入れ態勢を整えていく方法をとっていました。すでに述べたように、初回のフォーラムでは五人の呼びかけ人でしたが、二〇一〇（平成二二）年には六〇人を超えるようになっていました。また、当初は、自治体問題研究所の理事長や担当理事と、高橋彦芳栄村長や岡庭一雄阿智村長、松島貞治泰阜村長らが常時連絡を取り合い、フォーラムの内容や方向付けについて、議論していました。そのなかで、第一〇回フォーラム（二〇〇七年一〇月）を、東京の全国町村会で開催し、地方制度調査会の委員でもあった小田切徳美明治大学教授に記念講演を依頼するなど、地方制度調査会の議論を意識した取り組みも行いました。

この第一〇回フォーラムの際に、最初の呼びかけ人の一人であり、全国町村会長も務めた黒澤丈夫前上野村村長のメッセージが寄せられました。その言葉の重みと深さは、今も忘れられません。以下、引用します。

「我々は平素、『自治』という言葉を安易に使用しているが、それは人間が生きるために構成した社会の経営に関する深遠にして重大な行為の一つである。／動物の多くは、成長して独り立ちができる頃になると、一匹一羽で生きて行くが、人間は知性によって、他人と協力して生きることが有利なるを悟り、同じ地域に定住する者たちで扶け助けられつつ、協力して生きてきた。／この社会の経営を律する方策は種々あるが、住民の意志に従って方策を決するのが、自治と呼ばれる制度だ。自治する社会においては、常に他人を意識し、協力の恩に感謝する心を持たなければならない。この理を学び育てる教育が、不足しては居るまいか。」

この言葉を、二〇〇一（平成一三）年に総務省が合併推進の文書に書いていた「より大きな市町村の誕生が、地域の存在感や『格』の向上と地域のイメージアップにつながり、企業の進出や若者の定着、重要プロジェクトの誘致が期待できます」という文言や、前述の西尾私案の発想の根源にある、小規模自治体は無能力、不効率であるので、より大規模な近隣都市自治体や都道府県に補完させるべきだという浅薄な考え方と比べると、地方自治や地域社会に対する認識の差は歴然としていました。

地方自治をめぐる理念や思想の深まりだけでなく、フォーラムでは全国集会の中や別日程で、首長同士の意見交換や、職員の経験交流を行ったり、さらに北海道、東北、信州、鳥取、四国、九州では、各地域内の自律した町村が集まり、地域別フォーラムを開催し、情報交換をしたり、あるいは九州では前田穣綾町長が中心となって自立自治体のネットワークをつくるなど、フォーラム運動の裾野が広がっていきました。

また、小規模自治体ほど、住民自治に基づく効果的な行財政や地域づくりが展開できることが明らかになるにつれて、大規模自治体や広域自治体のところで、都市内分権や地域自治組織づくりの運動が広がり、浜松市や新潟市ではそれが一時、実現しました。また、新潟県上越市では、公募公選による地域協議会と地域自治区の独自予算制度を作る工夫もなされました。これらも、フォーラム運動の生み出した社会的影響のひとつでした。

さらに、フォーラム運動の蓄積のなかで、個別自治体の財政分析手法についての学びが広がり、それが合併反対運動をしている住民のなかで、合併にともなう財政シミュレーションの批判から自律プランへの提案という運動に結びつき、合併の是非は住民投票で行うべきだという直接請求運動に広がっていきました。戦後の日本では、地方自治体において住民投票が行われることは、新潟県での巻原発の是非をめぐる投票など、年間一〇件にも満たない状況でしたが、旧合併特例法の期限切れが近づき合併推進の動きが強まった二〇〇二（平成一四）年から二〇〇五（平成一七）年にかけて急増し、全国の自治体数の一割を超える三七九市町村で実施されました。合併協議会設置の是非をめぐる住民投票も六九市町村で実施されています。その背後にはさらに多くの自治体での住民による直接請求運動がありました。京都府の場合、伊根町で住民投票が行われただけですが、一三自治体で住民投票の直接請求運動がありました（岡田知弘『地域づくりの経済学入門』増補改訂版、自治体研究社、二〇二〇年）。

結果的に、市町村の数は新特例法が終わった段階でも一七三〇自治体となり、政府が目標とした一〇〇〇自治体に遠く及びませんでした。一九五〇年代半ばの「昭和の大合併」の削減目標達成率（九八％）と比べると大きな差異がありました。その要因としては、先行する合併自治体において、周辺地域が衰退したり、財政危機がむしろ深化する事態が広がっており、それをいち早く、理論面や制度面、政策面で指摘し、情報共有しながら、小さい自治体の方がはるかに住民の立場にたった自治体運営ができることを具体的に示していたフォーラム参加自治体の取り組みがあったからだといえます。この地方自治をめぐる理論的、実践的成果が、大都市部を含む住民や自治体関係者の合併をめぐる問題意識にもつながり、地方自治体のあり方をめぐる一大社会運動につながったといえます。

こうして、第二九次地方制度調査会では、現場の自治体関係者から「こんなはずではなかった」「だまされた」との声があげられ、学識委員からも慎重意見が相次ぎます。二〇〇九（平成二一）年六月の最終答申では、政府による合併推進政策に「一区切り」をつけるという表現をとって、政府の合併推進政策は一旦停止することになったのです。同時期には、新潟県の泉田裕彦知事や福井県の西川一誠知事も、機会あるごとにこれ以上の合併はすべきではないと表明するようになります。

さらに決定的なことは、西尾勝地方制度調査会元会長自身が、国会において、「平成の大合併は惨憺たる結果」だと発言している点です（『参議院　国の統治機構に関する調査会会議録』第一号、二〇一五年三月四日）。その原因について、西尾元会長は、「国会議員主導」で闇雲にすすめられたからであったと示唆しています（西尾勝『自治・分権再考』ぎょうせい、二〇一三年）。いずれにせよ、市町村合併政策自体が、根拠のない政治決定によってなされたことが問題であったといえるでしょう。

これに対して真っ向から異議を唱え、地方自治の本旨を具体的に明らかにし、自律した自治体の重要性を主張する首長たちが連帯し、毎年、フォーラムの機会に声をあげ、さらにお互いの実践を高めあうという努力を続けてきたわけです。そして、それが、合併の是非は主権者である住民が住民投票によって決定すべきであるという直接請求運動や、大都市・広域自治体内部における地域自治制度の確立運動ともつながったことは、戦後の地方自治史上、画期的な意義をもったといえるでしょう。

第三節　「フォーラムの会」への移行と東日本大震災

第二九次地方制度調査会が政府主導の市町村合併に「一区切り」をつけると答申した直後の二〇〇九（平成二一）年八月の総選挙において、自民党は大敗北を喫し、「地域主権改革」を掲げた民主党政権が誕生します。その背景には、市町村合併政策及び三位一体の改革とリーマンショックによる地方の地域経済社会の疲弊がありました。しかし、民主党政権は、「地域主権改革」の一環として道州制を掲げており、小規模市町村をめぐる情勢は未だ不安定でした。

二〇〇九（平成二一）年一一月に、福島県大玉村で開催された第一四回フォーラムの町村長交流会の席上で、今後のフォーラム運動のあり方について、これまでのような「この指とまれ」方式で、一回ずつ呼びかけ人を募って集会を開くのではなく、会員制度をコアにしたより広く系統的で持続的な運動をしていかなければならないのではないかという指摘がなされました。それが、翌年五月の「全国小さくても輝く自治体フォーラムの会」発足総会という形で具体化します。そのアピールで「私たちは、『フォーラム』の輝かしい伝統の上に立ち、さらに小規模自治体の魅力を高める取り組みと交流を日常的に強化し、お互いに切磋琢磨するとともに、小規模自治体の存在意義を全国民にアピールしていくことを決意し、恒常的な会員組織を立ち上げました」と高らかに宣言したのです。

ところが、それから一年も経たない二〇一一（平成二三）年三月一一日に、東日本大震災が起こり、東北三県の市町村は大きな被害を受けてしまいました。とりわけ、東京電力福島第一原発の事故のために、住民とともに役場も、長期にわたって避難を強いられた福島県浜通り地域の被害は深刻でした。フォーラムの会としても、早速お見舞いをするとともに、応援職員の派遣をしました。また、五月には緊急フォーラム「大災害に小規模自治体はどう立ち向かうか」を阿智村で開催しました。この時の議論がその後の防災協定づくりにつながります。

また、同年六月の幹事会では、震災問題や道州制問題を念頭において、より運動体的な性格をもった組織に発展させる方向が確認され、同年一一月に開催された奈義町での第一四回フォーラムの総会において、新たに設けられた理事会を基盤にした正副会長体制が確立します。

会長には前田綾町長、副会長には浅羽定次大玉村長と岡庭阿智村長、そして理事には松岡市郎北海道東川町長、神田強平上野村長、伊藤喜平長野県下條村長、田代兼二朗三重県朝日町長、花房昭夫岡山県奈義町長が就任し、自治体問題研究所から平岡和久副理事長が顧問として参画することになりました。

ちなみに前田綾町長は、矢祭町でのフォーラム以来の常連であり、毎回、全町議会議員と一緒に参加していました。同様に、花房奈義町長も全町会議員と一緒に参加し、地方自治をめぐる情勢だけでなく、各自治体の取り組みから熱心に学び、積極的に自らの自治体に応用されていきました。その成果が、後に合計特殊出生率日本一の町という形で結実することになります。

二〇一二（平成二四）年一二月、民主党政権が倒れ、第二次安倍政権が発足します。安倍首相は、道州制導入を公約として掲げており、国会の議席数においても、道州制推進を表明した党に所属する議員が八割近く占めることになったため、フォーラムの会の役員の皆さんは、積極的な活動を展開していきました。当時の石破茂自民党幹事長に、前田会長はじめ役員の皆さんが直接面談し、震災の復興と併せて道州制反対の申し入れを行い、自民党内にあった道州制推進基本法の制定を押しとどめるなど、大きな成果を得たと聞いています。

しかし、二〇一四（平成二六）年五月、日本創成会議の増田寛也氏が、二〇四〇年には自治体の半数が消滅するという「自治体消滅論」（増田レポート）を発表し、それを前提にした地方制度改革論議が第三一次地方制度調査会で開始されるとともに、新たな国土形成計画づくりの議論がはじまります。

フォーラムの会では、増田レポートが発表された直後、大分県九重町で開催された第一九回フォーラムで、同レポートを批判するとともに、二〇一四（平成二六）年一一月に、東京都内で「『自治体消滅』論に異議あり！　―真の『地方創生』とまち・むらの未来を描く―」と題する交流集会を開催しました。そこで、私が「『自治体消滅』論に基づく『地方創生』を超えて」と題する講演を行うとともに、人口を増やしている島根県海士町の山内道雄町長、厚生省人口問題研究所の人口シミュレーションの減少予測を大幅に下回った宮崎県西米良村の黒木定藏村長、社会教育に基づく質の高い地域づくりに取り組んでいる北海道訓子府町の菊池一春町長と、ジャーナリストの松本克夫氏が登壇し、理論と実態の両面から「自治体消滅」論を批判しました。

増田レポートを待つまでもなく、フォーラムに積極的に参加してきた自治体の多くは、早くから、人口定住対策を、自治体と住民が協同で取り組んできていました。その結果、人口を維持、増加させている自治体も、北海道東川町、長野県原村、島根県海士町、宮崎県綾町をはじめとしていくつもありました。また、大都市圏よりも合計特殊出生率の高いところが「フォーラムの会」自治体に多いことも証明されています（全国小さくても輝く自治体フォーラムの会・自治体問題研究所編『小さい自治体　輝く自治』自治体研究社、二〇一四年）。

とりわけ、西米良村の報告は衝撃的でした。厚生省人口研のシミュレーションが大幅に外れた要因は、首長・議員・職員と住民の主体的な協働の取り組みがあったからでした。過去の数字のトレンドを延長するのではなく、これまでの流れを変える改革が、黒木村長のいう住民の「幸福（しあわせ）度」の達成を目標とすることで生まれた結果でした。けっして、地方創生政策が推進するような数値目標の追求の成果ではなかったのでした。これこそ、住民の福祉の向上を図る地方自治体の本来の使命の具現化であったわけです。

第四節　コロナ禍での優位性の発揮

小規模自治体の優位性は、二〇二〇（令和二）年から日本列島を襲ったコロナ禍においても発揮されました。感染者も死亡者も、「選択と集中」政策の結果、人口も経済機能も集中した大都市圏に集中したのに対して、地方の小規模自治体では相対的に低い感染状況でした。

また、小規模自治体ほど、住民との空間的距離、精神的距離が近いために、一〇万円の特別定額給付金やワクチン接種を早期に完遂することができています。北海道東川町では、政府の二〇二〇年度補正予算成立の日に、地域金融機関との協力の下に全住民への一〇万円の給付を終えています。また、京都府伊根町では二〇（令和二）年六月時点で、希望する全住民への二回目のワクチン接種を終えています。

これに対して公務員を徹底的に削減したうえ、保健所や地方衛生研究所、公的病院の統廃合をすすめ、ワクチン接種業務や給付金業務を民間委託した大阪府・市では、検査や医療サービスを受けられないまま東京都を上回る死亡者数を記録したうえ、給付金の配布が大幅に遅れてしまう事態を生み出してしまいました。

小規模自治体を整理統合し、「大きくて強い」自治体をつくるという小泉構造改革以来の新自由主義的自治体再編政策が、住民の命と暮らしを守るものではなく、むしろその障害になっていることが明らかになったといえます。

小規模自治体は、①主権者としての住民と自治体との距離が短く、一人ひとりの住民に自治体が寄り添えるという優位性があるうえ、②地域を総合的に把握できるというメリットがあり、総合的視点から地域づくりが可能ですし、③住民自治に基づく効果的な行財政政策を策定、執行することができるという優位性があります。決して、西尾私案にあるように、不効率で無能力な自治体ではありません。むしろ、「小さいからこそ輝く自治体」であるといえるでしょう。住民が主体的に参加できる「小さな自治体」の優位性は、大都市自治体にも都市内分権、住民参加の拡大という形で影響を広げ、日本の地方自治の未来を切り開くものとなっているのではないでしょうか。

コロナ禍の二〇二〇（令和二）年フォーラムは、リモートで開催されましたが、そこで松岡東川町長が提起した「適疎」という言葉が重みをましています。感染症や災害が続発する時代において、「選択と集中」ではなく、適切に人口や社会経済的機能が分散している「適疎」を追求する国土政策こそ、持続可能な日本をつくるという大きな展望に満ちた問題提起です。この言葉は、その後、二〇二二（令和四）年の高知県大川村でのフォーラム、二三（令和五）年の千葉県一宮町でのフォーラムでも継承されました。このように、確かな展望を、国民に対して発信する力ももつようになったのです。

おわりに

二〇二三（令和五）年、フォーラム運動の創設者のひとりである高橋彦芳さんと、フォーラムの会を発展させた前田穣さんが鬼籍に入られました。最後に、お二人の思い出を書き留めることで、その地方自治史上における功績を記しておきたいと思います。

高橋さんと初めてお会いしたのは一九九六（平成八）年のことでした。調査で栄村を訪ねた時に、木造の村役場で、栄村の田直し事業をはじめ「実践的住民自治」と「内部循環型経済」の具体的事業について話をお聴きし、衝撃を受けたことが思い出されます。高橋さんは、村の職員を経て、国や県の言っていることではなく、足元の地域と、そこで暮らす人々の個性を大切にした「一人ひとりが輝く村」づくりを進めており、私が頭の中で描き始めていた地域づくりの経済学の実践をされていたのでした。この調査がきっかけとなって、二〇〇二（平成一四）年には、自治体研究社から二人の共著として『自立をめざす村』を出版することもできました。小さくても輝く自治体フォーラム運動が始まってからは、話をする機会が増えるだけでなく、信州だけでなく、遠く熊本まで、二人で講演旅行に出かけたこともありました。温和な語り口ですが、哲学から憲法、地方自治、創造的公務員論まで、その実践に裏付けられた話は、多くの聴衆を引き付けるものであり、私も大いに学びました。そして、フォーラムの企画打ち合わせのなかで特に記憶に残っているのは、「対抗軸」という言葉をよく使われていたことです。時代の流れを高橋流実践的弁証法によって把握されて、時代を展望しながら、決断し、行動する人でした。最後に直接お会いしたのは、二〇一五（平成二七）年二月に栄村で開催された第二〇回フォーラムの時でした。栄村や津南町の人たちと会食する機会があり、そこでじっくり懇談することができました。栄村は二〇一一（平成二三）年三月一二日に直下型地震に襲われました。東日本大震災の翌朝のことです。大きな建物被害がありましたが、人々は助け合いながら無事に避難することができました。すぐに応急仮設住宅、さらに公営復興住宅をつくることもできました。このことについて、「岡田さん、こんなに早く対応ができたのは、村が残っていたからなんですよ。このことを、皆さんに是非、伝えてください」と私の目を真っすぐ見ながら話されたことが、今でも忘れられません。

この第二〇回フォーラムで、フォーラムの会の会長として挨拶されたのが、前田穣さんでした。前田さんは、二〇一一（平成二三）年からフォーラムの会会長を務められましたが、二〇〇六（平成一八）年の矢祭町のフォーラムからフォーラム運動に関わり、ほぼ毎回、町会議員や職員のみなさんと参加するだけでなく、宮崎県町村会長としてリーダーシップを発揮され、五〇町村が加入する九州自立町村ネットワークの会長として活躍されました。二〇〇七（平成一九）年二月には、綾町で第八回フォーラムが開かれ、前田さんが先頭に立って、町内を案内されたり、有機農業の里づくりの歴史を熱く語り、そして酒泉の杜で開かれた夕食交流会では地元産のお酒や農協の女性たちがつくる有機農産物の料理の美味しさを紹介されていた姿を今も思い出します。前田さんは、郷田実前町長と同様、農協の組合長を経験したあと、町長に就任し、有機農業に対するこだわりが、とても強い方でした。

その後、フォーラムの会の会議だけでなく、公務員の研修会や地方自治に関わる大規模講演会などで度々ご一緒することになりました。前田さんの持論は、「自治体は、規模や量よりも質を追求すべきだ」、「小は大を兼ねるが、大は小を兼ねることはできない」、「自治体としての役割を果たすためには住民自治を生かすことしかない」というものであり、自治体職員についても「フォーラムを誘致すると職員が元気になる」、「町の職員は地域づくりにおいてなくてはならない存在だ」とも言っておられました。

別の用事で宮崎に行くことがある時には、できるだけ綾町役場を訪ねるようにしました。宮崎市から綾町内に入ると、道路の両脇に花壇が現れて、この町の民度の高さを感じることができました。ある時には、綾川荘の式部屋敷に案内していただき、前田さんが鍋奉行になって、猪鍋をご馳走になったこともありました。明るく楽しい会話で、身も心も温まったことが思い出されます。

また、前田さんは大変な行動力の持ち主で、二〇一二（平成二四）年頃に第二次安倍政権の下で道州制推進論が台頭した際に、フォーラムの会の会長として理事といっしょに石破茂幹事長を訪ねて直談判をしたことは特筆に値します。そのような行動もあって、自民党内における道州制推進の動きが沈静化していったのです。フォーラムの会の会長は二〇一七年度まで、務められ、その後顧問となられます。しかし、二〇一九（平成三一）年四月に病気のために町長を辞職されることになりました。前田さんの後、会長を引き継いだのが、現会長の小坂泰久酒々井町長です。

私が、前田さんに最後にお会いしたのは、二〇二〇（令和二）年二月のことでした。みやざき住民と自治研究所主催の講演会があった際に、綾町議会議員の方から、前田さんが退院され自宅療養されているとお聞きし、翌日ご自宅を訪ねてみました。ややスリムな体にはなっておられましたが、終始にこやかな表情で話をされていたことが思い出されます。健康であれば、さらに町長としても、フォーラムの会会長としてもやりたいことが沢山あったのではないかと推察しながら、手入れの行き届いた庭に立つ前田さんご夫妻に別れの挨拶をしました。

高橋さん、前田さんという二人のリーダーなしに、フォーラム運動の発展はなかったように思います。また、私の地方自治や地域づくりについての認識や理論の進化もなかったと思います。お二人に心から感謝を申し上げ、ご冥福をお祈りいたします。

第二部　小さい自治体の輝く自治

第六章　群馬県上野村　移住者とともに村づくり

――持続する地域社会をめざして――

黒澤八郎

はじめに

上野村は一八八九（明治二二）年の町村制施行により誕生以来、合併をすることはなく、自立を貫きその道を歩んできました。地理的に交通事情も悪く、耕作地も少ない山間僻地という厳しい条件にありますが、先人は知恵と努力と互助の力をもって、自然豊かな愛着の郷土を守ってきました。

平成の市町村合併という大きなうねりの中にあっても、自立の選択は揺るぐことなく、「挑戦と自立の村」というフレーズを掲げ、村づくりを進めてきました。当時の村長黒澤丈夫氏は全国町村会長をも務められていましたが、元村長の強い信念は「合併せよと言うが」という一文に表されています。それは当時、自立か合併かという難しい

上野村

選択を迫られる多くの首長の共感を得るとともに、決断の支柱となったのではないかと思います。

本村も人口減少や高齢化の中、多くの課題を抱えておりますが、これまでに築かれてきた基盤を総体的に底上げし、自立から持続する地域社会をめざしています。そして、そのような本村を現在様々な分野で支えているのは、村の人口の二割を超えるIターン者の力です。

そこで、これまでの村政の経緯を含めて、産業振興と移住定住対策を中心に本村の取り組みを紹介します。

上野村の概要

上野村は群馬県の最西南端に位置し、長野県、埼玉県と境を接しています。急峻な山々に囲まれ総面積の九七％が森林で、手つかずの大自然が残る緑豊かな森の郷です。村内を西から東に流れる神流川は関東一の清流と評価され、源流域は平成の名水百選（環境省指定）にも選定されており、その本支流沿いに集落が点在し、伝統や文化を大切にしつつ暮らしが営まれています。

直近の人口は一〇四一人（二〇二四（令和六）年三月一日現在住民基本台帳登録人口）で、人口規模では、島嶼部を除き関東地方で最も小さな自治体です。高齢化比率は四四・八％と高い水準にありますが、エリア比較では二割ほど低い状況で、これは移住者の受け入れを長年継続してきた成果であると考えます。

江戸時代は幕府直轄の天領であり、将軍家に献上する鷹狩り用の巣鷹を守る役目を果たしていたという歴史があります。昭和三〇年代までは、林業従事者も多く、養蚕や蒟蒻・椎茸栽培なども生業とされ、農林業が全般的に盛んでありました。しかし、高度経済成長期には都市部に若者が流出し、人口は激減します。一九五五（昭和三〇）年の人口は五〇〇二人でありましたので、激減の度合いは想像できることと思います。

そうしたときに、大変な危機感をもってこの過疎の流れに挑んだのが、一〇期四〇年にわたって村政を先導された黒澤丈夫元村長です。

過疎に挑む

一九六五（昭和四〇）年に村長に就任した黒澤丈夫氏は、不変の目標である「栄光ある上野村の建設」を掲げ、本村の振興発展のために全てを注がれました。具体的な四つの柱として、「健康水準の高い村」「道徳水準の高い村」

やまびこ荘　2001年（平成13）年リニューアル

「知識水準の高い村」「経済的に豊かな村」という個別目標を定め、生活環境を飛躍的に改善したほかあらゆる対策を総合的に進められました。

産業においては人口流出や経済事情の変化の中で、弱体化していく農林業の振興に力を入れつつ、新たな産業として当時は目を向けられることがなかった観光事業を皮切りに、木工の起業、六次産業化の推進と、独創的な発想のもと次々と手を打たれました。それらの施策の積み重ねが、現在の基盤となっており、その後の移住定住の受け皿となったのです。

昭和四〇年代には、まず国民宿舎やまびこ荘を開業、同時に関東一の規模を誇る鍾乳洞不二洞の開発と周辺整備を進め、その後、第二の宿泊施設としてホテルヴィラせせらぎを開業、さらには雄大な上野スカイブリッジや森林レクレーション拠点であるまほーばの森を整備するなどして、観光の振興と交流人口の増加を図りました。これらは、第三セクターである株式会社上野振興公社により運営され、大きな雇用の場となっています。観光施策の推進は、民宿の開業など村内の活性化にもつながりました。

昭和五〇年代には、新たな産業として、豊富な森林資源を活かした木工業を起こし、ろくろ技術による器類から、家具、玩具まで幅広く生産できる職

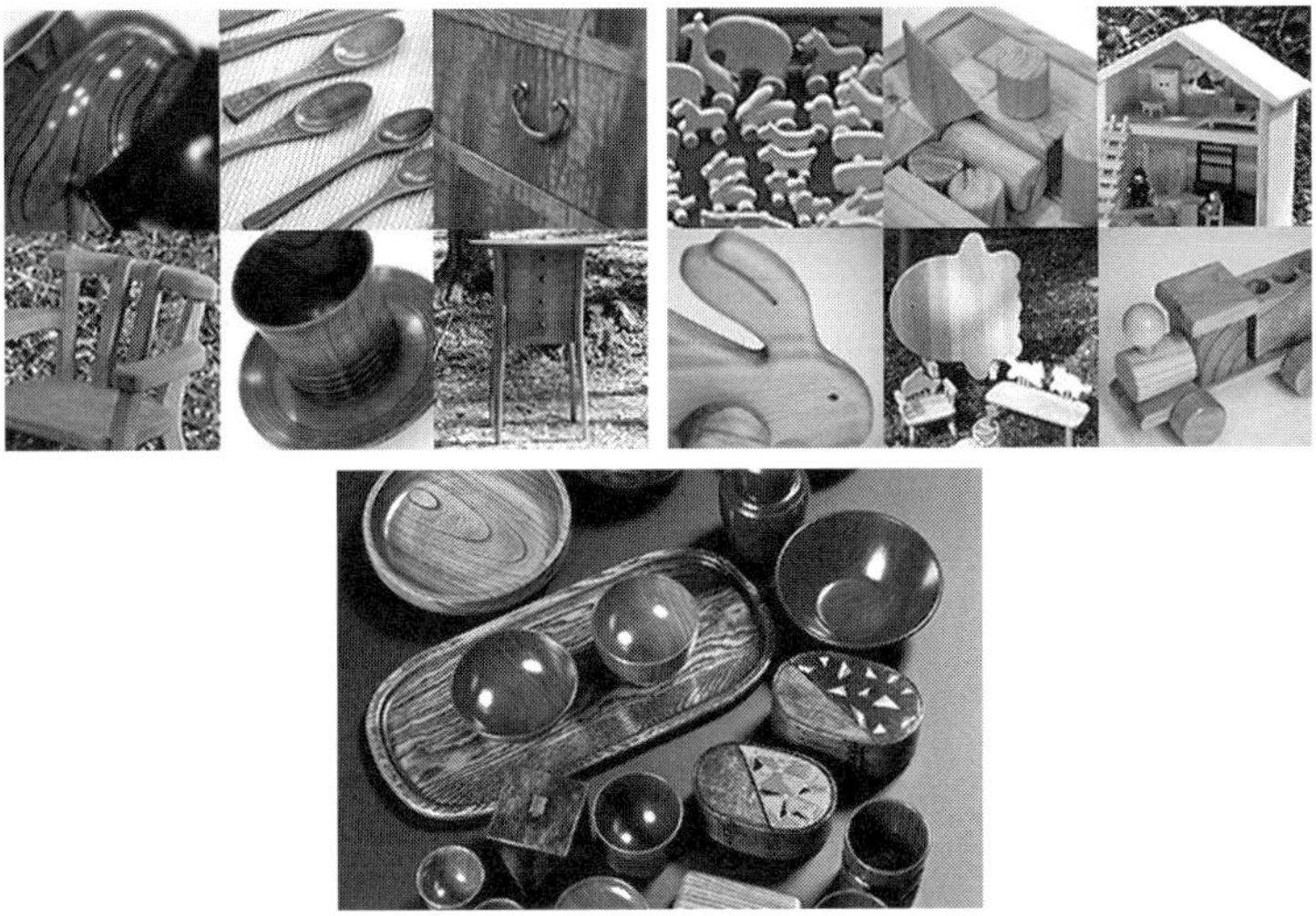

バラエティに富んだ木工品

人を育成するとともに経営体制を整え、現在は木工の里として広く認められるまでになりました。この間、木工を志す多くの若者が移住し、村内で工房を開き活躍しています。また、木工のみならず、竹工芸や染め物など、クラフト作家が住まう村となりました。

昭和四〇～五〇年代にかけては、希少なイノブタの生産、麦麹の風味豊かな十石味噌、農産物の付加価値を高めるための六次化事業による加工など、特産品も次々開発されました。現在も続くこれらの生産加工事業に従事するのも、UIターン者を中心とした若い力です。

上野村に行っておいしいものはなんですか？　お土産のおすすめは何ですか？　こう問われても困ることがない特産品が、この時期に生まれたのです。

移住定住対策の推進

移住定住対策は、仕事・雇用の創出とともに、村営住宅の整備、さらには子育て支援など、暮らしていける村、暮らしやすい村として、全般の制度を整える必要があります。

「過疎に挑む」という信念のもと、産業振興を進めた元村長でありましたが、さらに移住定住対策を強化し意気込みを示すため、一九九一（平成三）年に、後継者定住促進条例を制定いたしました。移住定住支援について条例化まで行うのは、稀有ではないかと思います。条例第一条では、この条例の目的として、「定住を促進し、生産年齢人口の高い村づくりを進める。」と規定しています。

村内で起業する場合、当初は収入の安定しない状況も想定されます。そのような不安を抱えることなく、若物が自らの夢を実現することをサポートするため、条例には手厚い支援制度が盛り込まれました。

また、移住定住対策を維持するためには安定的な財源も必要です。本村では国土保全基金、振興発展基金、村営住宅整備基金など、目的を示した基金を設置して事業継続性を高め、将来へ備えています。

村営住宅については、世帯用住宅「ふるさとハイム」の整備に始まり、以降、集合住宅タイプ、戸建てタイプ、合わせて一四八世帯分が整備され、常にほぼ満室の状況です。村営住宅の配置については、集落活性化の観点から、できるだけ分散させることに留意しています。本村は一二の行政区がありますが、全ての行政区に村営住宅を整備しました。移住された方は、各集落においても大変活躍しています。

これらの村営住宅は、弾力的に運用できるよう公営住宅の補助金は受けずに、村単独事業として建設しました。移住定住促進のため家賃も低額に抑え、さらには所得に応じて家賃が軽減される制度となっています。これに加えて、他の支援制度もありますので、ＵＩターン者の声として、可処分所得は都市部にいた時と変わらず、一方で家族と過ごせる時間が十分にあるので、満足していると言われます。

子育て支援については、「まるごと応援！　子育て・子育ち」というフレーズを掲げ、他の自治体と比べても決して劣らず、むしろ相当手厚い制度を用意しています。

まず、子育てにおいては、出生から大学卒業まで、切れ目のない支援を行います。成長の節目ごとの祝金制度、保育料の無償化、小中学校における教材支援、給食の無償化、中学生のオーストラリア海外派遣、中学校卒業時の「はばたけ未来祝金」の支給、高校からの奨学金制度、高校生までの医療費無料化、第三子以降のお子さんへの「がんばる子育て応援手当」の支給など、村独自の支援制度が充実しています。

そして子育て支援とともに、「子育ち支援」を大切にします。子育てと子育ちという言葉では何が異なるのか、子育ては保護者への支援、「子育ち」は、子ども達の内面的スキルを伸ばし生きる力を育むための支援と位置づけて、本村からその意義を大いに発信しているところです。

小学校における花まる授業という独自カリキュラム、幼児期から木に親しみ感性を育てることを目的とした木育、遊びの中で体幹を鍛え、知育につなげるケルナー遊具広場、三三年目を迎える山村留学制度などが、本村の「子育ち

各地区に分散して建設している村営住宅

支援」の一環です。これらの取り組みへの関心が高まり、家族で移住し、お子さんを村の小中学校に通学させる「親子留学」も増加しています。

本村では、平成からの移住者をカウントしています。これは小さな自治体で、顔の見える関係があるからこそできる統計システムであると思いますが、そのカウントに基づき現時点で住まわれている方が、お子さんを含めて二二一名です。長年にわたる移住定住対策の継続と積み重ねから、Iターン者二割超えの村となったのです。

産業振興の進化・そして新たなステージへ

全国小さくても輝く自治体フォーラムの会の理事も務めました神田強平前村長は、それまでの村の産業振興対策に新たな視点を加え、進化させました。特に森林資源の活用において未利用木材をエネルギー利用することで、エネルギーの地産地活を実現しました。これが、村外に流出していたエネルギーコストを村内に留め、資金還流を起こし所得と雇用を創出する「村内経済循環の仕組み」です。これは、大元の木材素材生産にあたる林業事業者の仕事

木質ペレット

しおじの湯のペレットボイラー

創出はもちろんのこと、連環する事業においても雇用を生み出し、ＵＩターン者の大きな受け皿となります。そして、村の九七％を占める森林資源の有用性を高めるとともに、森林の再生利用という時間軸の循環という視点では、無限の可能性を秘めています。国土保全の見地にも立って、エネルギー地産地活による地域内循環のスケールを拡大し、村内への波及効果を二倍三倍と広げていけるよう取り組みます。

地産する木質バイオマスエネルギーは、生産した木質ペレットを業務用ボイラーや家庭用ペレットストーブで直接燃焼させる利用と、ガス化による木質バイオマス発電に大別されます。ペレットボイラ

木質バイオマス発電施設

ーは、温泉施設、農業用ハウス、介護福祉施設、学校などで利用されます。ガス化して発電した電力は、空調設備に多量の電力を必要とする上野村きのこセンターに供給し、安定的な管理により椎茸を生産しています。森が生んだエネルギーから村の特産椎茸を生産し、そこに大きな雇用が生まれているのです。

このように、産業振興を進め、雇用を創出しながら移住定住を促進してきましたが、移住定住につなげるために一番大切なもの、それは「共感を呼ぶ村」であることと考えます。仕事があり、快適に住める住環境があり、子育てにも最適な場所、これらの条件を満たすことがまず必要ですが、さらにいかに村への共感を呼び込めるか、そのために現在力を注いでいることの一つが、脱炭素社会に向けた取り組み、環境政策です。二〇二二（令和四）年に本村は国が進める脱炭素先行地域に選定され、六年間をかけて脱炭素に向けた取り組みを集中的に実施して、脱炭素ドミノの起点となることを目指します。

木質バイオマス利用を拡大するとともに、太陽光発電や蓄電設備を各家庭に普及し、再生可能エネルギーによる自立分散型電力の確保、省エネ化

長さ225m、高さ90mの上野スカイブリッジ

の推進、災害レジリエンスの強化を進めます。また、「うえの5つのゼロ」を宣言し、環境に配慮した生活スタイルを広げていきます。

これらは、脱炭素に貢献するという大義のもとに実行するものですが、良識に根差した暮らしぶりを実現することは、村の価値の磨き上げにつながります。シビックプライドが感じられる村、これが移住を呼び込む大きな要因になるととらえ、脱炭素は地域課題の解決につながるという視点にもたって移住定住対策をさらに進化させていきます。

主な事業所の状況

前述で取り上げた事業所の状況を紹介します。

①株式会社上野振興公社

宿泊施設（やまびこ荘・ヴィラせせらぎ）、観光施設（鍾乳洞不二洞・上野スカイブリッジ・まほーばの森・川和自然公園・フォレストアドベンチャー上野）の管理運営を中心に、村外への情報発信や交流促進のための事業を展開しています。

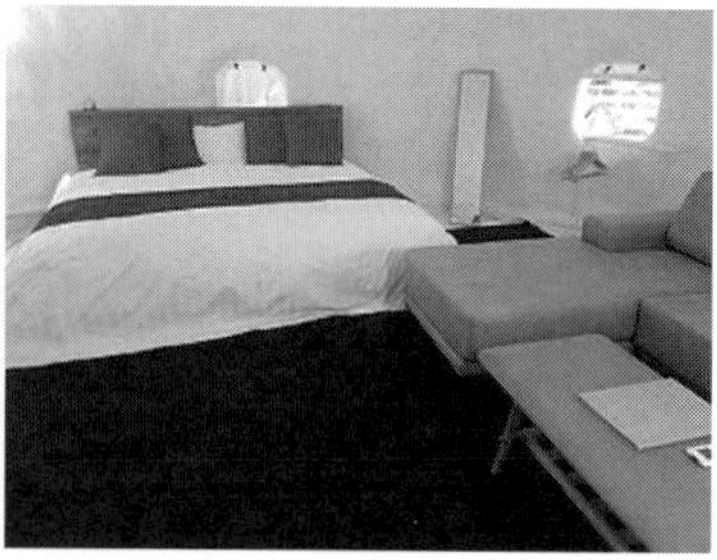

2022（令和4）年8月にオープンしたグランピング

上野振興公社の社員数は、現在一八名で、うちIターン者数は一〇名です。その中には、部門責任者も生まれたほか、魅力を高めたグランピング施設の整備や、上野スカイブリッジのスケールを活かしたイルミネーションの実施など、Iターンにより加わった新たな力が、新たな取り組みを起こしています。

②株式会社上野村きのこセンター

施設再整備により規模拡大した後、村出資により会社化した、椎茸の生産施設です。社員数は四二名で、うちIターン者数は六名であり、Iターン者が経営の中心を担っています。年間約四〇〇トンの椎茸を生産し、首都圏に向けて出荷し、主要産地として認められるまでに成長しました。

群馬県は全国でも大きなシェアを占める椎茸産地ですが、市町村別生産高では、本村が県内二位の椎茸生産量となっています。近隣の町村からの通勤者も多く、村内のみならず周辺地域まで広がりのある雇用創出につながっています。高年齢者も働きやすい就労環境を整えており、厚生労働省の主催による「高年齢者活躍企業コンテスト」において特別賞を受賞しました。

経営は堅調に推移する中、さらに新分野への取り組みも始めています。電力供給

㈱上野村きのこセンター

猪豚のミートソース

イノブタ

は木質バイオマス発電により行っていますが、椎茸を収穫したあとの菌床をブリケットに再加工してエネルギー利用につなげるなど、脱炭素に向けた事業も行っています。

③いのぶたファーム

雄のイノシシとメスの豚を掛け合わせて生まれるイノブタは、一九六八（昭和四三）年に生産が始まりました。当初は個人の農家や農協が生産にあたっていましたが、高齢化や後継者不足などにより、徐々に存続が危ぶまれる状況となりました。そのような状況下、大切な特産品であるイノブタ生産を絶やしてはならないと、村で畜舎を整備し、現在は村営でイノブタ生産を行っています。二〇二〇年（令和二年）には第二畜舎を新設し、生産規模を拡大しました。

社員は五名で、うちIターン者が四名です。生産、販売の責任者はともにIターン者であり、伝統産業の継承に熱意をもって取り組んでいます。

イノブタ肉の加工にも力を入れ、加工品はイノブタ肉の美味しさと特性をいかした品揃えとなっています。中でも「猪豚のミートソース」はイノブタミンチをふんだんに使用し、特産の十石味噌を隠し味にした本格派ミートソースで、二〇二一（令和三）年には「一村逸品大賞優秀賞」を受賞しました。

イノブタは村内の宿泊施設や飲食店においてもメインメニューとなっており、上野村自慢の食材です。

おわりに

国立社会保障・人口問題研究所の地域別推計人口が発表され、本村の二〇五〇年の推計値は五八九人と示されました。全国的な少子化と人口減少の流れの中で、いかに移住定住策に力を注いでも、自然減を補うだけの社会増は生まれていない現実があります。

しかし、減少率を留めることは可能であり、生産年齢層を増加させることも可能であると考えます。現に国立社会保障・人口問題研究所の推計に対し、上野村の実績は常に上回ってきました。例えば二〇二〇（令和二）年の推計人口は七四五人でしたが、上野村の実績は一一三〇人となりました。その差三八五人は、移住定住対策や少子化対策が生んだ効果であり、また、福祉や健康増進対策による健康寿命の延伸も影響していると思われます。要は自治体の取り組みによっては、推計にあらがう結果が出せるということです。

しかしながら、村民の絶対数の減少は、マンパワーの確保や地域コミュニティの存続の上で厳しい現実をも生じさせます。持続する地域コミュティ、その展望をどのようなかたちで示すのか、これが現在の村政を預かる私の最大の使命であると考えています。また、今から、一〇年後二〇年後を見据えた仕組みを用意することが必要です。本村ではそうした仕組みの構築を進めていますが、簡単なことではありません。全国小さくても輝く自治体フォーラムの会は、同じ悩みを抱え、方策を捻り出そうと苦慮している同志の集まりです。これからはより悩みと知恵を共有し、地域の持続のために効果を生む取り組みは、互いの交流のもと、研究し合うべきと考えます。そうしたことからも、小規模自治体のネットワークは極めて重要であると考えます。

本村では、自治体公式アプリを構築しました。人口一〇〇〇人の村で、自治体アプリがどのように機能するのか、様々な活用により村民の利便は確実に向上しますが、それに加えた大きなねらいは外部とのつながりです。デジタル化を活用したオンラインコミュニティは無限に広がります。本村に関わり応援していただける方々と、自治体アプリを通じて新たなコミュニティが生まれるのです。

上野村は村民の力だけで成り立っているわけではありません。上野村に関わる多くの方の支えにより成り立っています。村民の連帯と協働の力を高めるとともに、外部とのつながりを広げ、強めていくことが村の持続のために欠かせないと考えます。大学連携により本村で活動する学生達が、「ほぼ村民プロジェクト」という提案をしてくれたことがあります。「ほぼ村民」という言葉には地域との関わりにおいて学生達が求めているものと、これからの村のかたちを考えるヒントが込められていると強く感じました。

本村の人口ビジョンでは、二〇六五年の目標値を八四五人と示しています。この目標を達成するためには、社会増を着実に実現していかなければなりません。

活力ある地域コミュニティ、ゆたかさが感じられ持続する地域社会をめざして、上野村は挑戦を続けます。

第七章　千葉県酒々井町「文化観光のまちづくり」に向けて

――大学との協働事業「大名・旗本御膳の復元」の試み――

酒々井町総務課政策秘書室

はじめに

酒々井町は、一八八九（明治二二）年の町制施行以来、一度も合併することなく独立の道を歩み続けている「日本で一番歴史の古い町」です。

本町は千葉県の北部に位置しており、周囲は成田市、佐倉市、印西市、富里市、八街市と接しています。規模は東西に約四・二㎞、南北に約六・二㎞、総面積は約一九㎢であり千葉県内では浦安市に次いで二番目に小さな面積です。町域の地形は北西部が利根川低地、南西部が北総台地によって構成されており、標高は低い地点で〇ｍ、最高所は約三七ｍですが、台地が浸食された谷津が入り組み起伏に富む地形となっています。

酒々井町

古代から交通の要所であった町内には約三万四〇〇〇年前の日本最大級の交流生活痕跡・環状ブロック群を有する「国史跡墨古沢遺跡」や戦国大名千葉氏の居城跡である「国史跡本佐倉城跡」、江戸時代の旧宿場「酒々井宿」など多くの歴史資源が所在しています。

立地的には東京都心から約五〇km、成田空港から約一二kmにあり、町内には鉄道三路線・四駅が所在し、JR酒々井駅、京成酒々井駅から都心へは約一時間でアクセスでき、陸路では東関東自動車道酒々井インターチェンジから羽田空港までは一時間強、成田空港へは約十分でアクセスができる、交通環境が良好な町です。

町内には駅を中心として住宅地や公共施設等の都市機能の多くが集約されており、南部地域には、酒々井インターチェンジに近接して大型アウトレット施設が立地しているコンパクトで機能性の高い町となっています。

このように、コンパクトな町であること、自然歴史環境に恵まれていること、都心に近く交通利便性が高いロケーションにあることが本町の特色といえます。

本町の行財政については、その基礎となります人口は二〇〇五（平成一七）年の二万一三八五人をピークに減少傾向に転じており、二〇二〇（令和二）年の国勢調査実績値をベースとした町の推計では、二〇三〇（令和一二）年には一万九六五八人まで減少すると予測され、少子化と高齢化が進んでいます。財政では財政力指数は類似団体と比べ高い数値ながら扶助費や物件費などの経常的経費の増加から、経常経費率を上昇させており財政の硬直化が懸念されます。

現在、大きな課題である「人口減少・高齢化の進展における地域特性の変化」と「住民サービス向上等により厳しさを増す財政状況」を町の「強み」を活かし地域力で克服するために、二〇二二（令和四）年に「人　自然　歴史文化が調和した　活力あふれるまち」を将来都市像に掲げた「酒々井町第六次総合計画」を策定し、子育て、高齢者の活躍できる場の創出、住民協働、安全安心のまちづくりなどの包括的なまちづくり施策を推進しております。

本稿では、まちづくり施策の一つとして酒々井町の「強み」であります自然歴史環境と交通利便性という地域資源を再発見し「まちづくり　ひとづくり　しごとづくり」に活かすことを目的とした「文化観光のまちづくり」と地域資源の再発見をする「まちの顔づくり事業」から大学との協働事業の試みである酒々井の食「大名・旗本御膳の復元」事例を紹介します。

第一節 「文化観光のまちづくり」

酒々井町には緑豊かな自然環境や歴史的遺産、優れた交通利便性・都市基盤があります。これらを町の魅力・地域資源として、広く活用し発信することで、交流人口、関係人口の増加を目指し定住人口へとつながる取り組みを着実に進め、人口減少社会においても活力のある持続可能なまちづくりを進めています。

しかしながら、社会経済環境は目まぐるしく変化しており、大規模な自然災害・感染症等の危機管理、デジタル化、地球温暖化・脱炭素などの技術革新への対応といった課題解決に向けて、さらなる取り組みが必要となっています。

酒々井町の誇る地域資源である自然環境は人々の営みを支え、歴史文化は地域の営みと交流が育み、人と地域に受け継がれ酒々井町を特徴づけています。これらは将来に引き継ぐ宝であり、そのために地域資源を利活用することで磨き上げ継承することが必要です。

「文化観光まちづくり」とは町民が地域資源を深く理解し、町民の誇りである地域資源を再発見し、町民自身が「まちづくり　ひとづくり　しごとづくり」に活かす観光まちづくり活動を通じて、まちの課題解決に向き合い、人とまちを成長させていく新たな取り組みと位置付けられます。用語としての文化観光法*の「文化観光」とは性格が異なります。

第二節　「まちの顔づくり」と酒々井宿

町の南部地域には、酒々井インターチェンジに近接してアウトレット施設が立地しており、町外から年間六〇〇万人の「交流人口」が訪れていますが、町内に回遊する来訪者はほとんどありません。

多くの地域資源があり、優れた交通利便性を有し、千葉県内で有数の来訪者がある町の活性化に必要なのは、来訪者を回遊させる仕組み「文化観光まちづくり」であります。

現状では多くの地域資源は町内外には知られておらず、交通利便性や県内でも有数の来訪者がいる現状を活かせない状況にあります。

町には優れた観光資源としてのポテンシャルを持ちながら、町内外には知られていない地域資源として江戸時代の宿場町であった旧酒々井宿と歴史的建造物があります。町では旧酒々井宿が将来的に観光の中核となり、観光資源として町民の参加と民間による利活用ができることを目指しています。

このため、旧酒々井宿を磨き上げる「まちの顔づくり」事業を開始することとしました。

「まちの顔づくり」事業では旧酒々井宿の物語を発掘し、「見える化」するための深掘り作業を通じて価値を再発見し、さらに普及と保全整備、利活用へとつなげていく事業です。

旧酒々井宿の物語を発掘するとは、酒々井宿への理解促進を目的に宿の文化財や周辺環境をつながりとして見直

旧酒々井宿の街並み

旧酒々井宿　国登録有形文化財「旧莇家店舗兼主屋」

江戸時代の酒々井町（「中川の景」三代目広重画『成田土産名所尽』）

し、テーマを設けて「モノ」を物語とすることです。

また「見える化」する深掘りとは、歴史文化を背景とした「コト」が人の五感に伝わるよう復元し体験できるようにするものです。

第三節　旧酒々井宿と「食」

江戸時代の酒々井宿は東海道の宿場のような規模はありませんでしたが、旅籠や茶店などが軒を連ね、参勤交代の大名や成田山への参詣人などが行き交っていました。

当時の史料に大名と旗本に振る舞われた料理の品書きが残されており、酒々井宿の普及と観光資源として活用を検討するため「まちの顔づくり事業」では、振る舞われた料理を再現することとなりました。

「食」は地域の歴史・文化・自然と深く結びついているため、地域の魅力を表現する最適な資源であり、味覚・嗅覚などの五感で体験することができ、幸福感や会話により人を結びつける場を提供します。

大名と旗本に振る舞われた料理は特別な料理ですが、このほかに日常の食、宴席の食、飢饉に備える備蓄食料などの史料があり、これらを含めた料理の再現は歴史的建造物での年中行事・イベントと合わせ、様々な「コト」の体験を提供することのできる観光資源となる可能性があります。

酒々井宿で参勤交代の大名と公用で訪れた旗本に供された献立の再現は地域資源の再発見と普及を目的としますが、江戸時代の料理の再現であり専門知識と調理が必須条件となるため、包括連携協定を結んでいる淑徳大学と連携して実施いたしました。

第四節　淑徳大学との連携事業

大学との連携事業は、大学の知識を活用した成果が得られるだけではなく、学生の持つ若者視点、よそ者視点から地域資源を再発見するための新たな気づきが得られます。

「文化観光まちづくり」の一歩となる地域資源を再発見とは、新たな視点から価値を見出すことですので、大学との連携は地域資源の再発見と観光資源に欠くことのできない視点であります。当町では本事業のほかに若者向け広報の作成、古文書調査や歴史的建造物の利活用を大学と連携し協働で実施しています。

淑徳大学との連携事業名は「酒々井町の食の再現」とし、平成三〇年度から令和元年にかけて実施しました。

以下、報告書から再現料理事業の概要を抜粋し紹介します。

1　事業の経過

淑徳大学の窓口となる地域連携センターを介し、令和元年二月に同大学看護栄養学部栄養学科と打合せを行いました。事業の目的と事業の概要を確認し、資料提供と普及を酒々井町が料理の再現と普及講座を栄養学科で行うこととなり二カ年の協働事業として実施しました。

事業名　「酒々井町の食の再現」

事業　「大名御膳」と「旗本御膳」の再現と「酒々井の食」の普及事業

事業内容

①料理再現　教員による文献調査、料理レシピの検討、試作調理と評価会を経て、学生による調理、盛り付けや供膳具の考証、試食

②普及事業　題名「酒々井の食」　三回講座

料理再現　「大名御膳」と「旗本御膳」

大名御膳　佐倉藩が参勤交代で酒々井宿本陣に宿泊した小見川藩主の内田伊勢守に差し入れられた重箱入りの料

大名御膳

旗本御膳

理である御煮染（七品）、御餅菓子（七品）。

旗本御膳　江戸幕府野馬預の旗本竹田伊豆守が酒々井野馬会所に宿泊する際に佐倉藩から差し入れられた御吸物、御口取（五品）、御煮染（五品）、餅菓子（三品）。

出典は「佐倉藩古例」（佐倉古文書勉強会、二〇〇六）

②普及事業　「酒々井の食」　副題　淑徳大学連携講座

場所　酒々井町中央公民館

内容　令和元年八月三十一日　「酒々井宿の食」　講師　酒々井町職員

令和元年九月二十五日　「大人のため

大名御膳　御煮染

鯛小串焼

材料（4人分）
鯛切り身…80g × 4切れ
江戸甘みそ…100g
みりん…72g（大さじ4）
長ねぎ…40g（20cmくらい）
串…8本

作り方

1. 江戸甘みそとみりんを練り合わせる。
2. 鯛は2等分、長ねぎは5cmの長さにぶつ切りにする。
3. 2本の串を使って、鯛と長ねぎを交互に串打ちする。
4. 1を3の両面に塗り、魚焼きグリルで片面5分ずつ焼く。

この料理について

江戸時代では魚にも格付けがされており、鯛は最上級のものとされていた。また、姿もよく、味もいい鯛は縁起物として、将軍家や大名家でも盛んに食べられていたようである。
江戸甘みそは関東、特に江戸近辺でよく使用されていた茶褐色のみそで、塩分控えめで麹の甘みが感じられる。徳川家康の出身地である三河「八丁みそ」の旨みと、京都「白みそ」の上品さを兼ね備えたみそとして、江戸中期に開発され、以来、江戸・東京の代表的な味噌として長く庶民に愛好された

普及本『酒々井宿のおもてなし料理』

の食育」講師　淑徳大学

令和元年十月二十九日　料理教室　講師

淑徳大学

付記　料理教室では旗本御膳の一部を再現しました。未知の料理だったせいか、様々な形に仕上がりましたが試食ではとても好評でした。

2　普及本の作成

成果を踏まえ書名を「酒々井宿のおもてなし料理」、副題を「江戸時代の大名と旗本への差入料理」とし、再現した料理二七品について一品を一ページにとりまとめ、参考文献と料理栄養価表から構成した普及本を作成しました。

一品一ページの構成は料理レシピ本として活用できるように工夫したもので、一ページごとに

「料理名」、「材料と分量」、「調味料」、「作り方」のほか、「試作での結果と考察」、「料理の解説」、「参考文献」、「補足」などを記載し、料理本としても楽しめるように心がけています。

「大名御膳」と「旗本御膳」は二〇二〇（令和二）年二月二十八日に開催予定の町制一三〇周年記念式典において、町内外へ向け料理のお披露目と試食をする予定でしたが、新型コロナウイルスの影響により式典が中止になりました。機会を改めての実施を検討しています。

第五節　「まちの顔づくり」から「文化観光まちづくり」へ

「酒々井の食」の再現は「まちの顔づくり」事業のひとつとして、大学との連携事業で実施しました。酒々井町には再現した江戸時代の「もてなし料理」のほか、日常の食や宴席の食、飢饉に備える備蓄食料などの史料がありま す。これら「食」も大学との連携事業で再現することが可能であると考えています。

「食」は、その土地の風土と気候、四季に育まれた恵みを食すことから「地域の環境を食す」と言えます。また「食」は、その町に暮らす住民が共有し享受する地域資源とも言えます。

この「食」が、歴史的建造物という場で、年中行事・イベントの中に組み込まれ、様々な「コト」の体験を提供することができる観光資源として発展していけるよう、今後も取り組んでいきます。

酒々井町では、「人　自然　歴史　文化が調和した　活力あふれるまち」を将来都市像として掲げ、町民が地域資源を深く理解し、誇りとなる地域資源を再発見し、その地域資源を町民自身が「まち　ひと　しごと」づくりに活かし、「人」と「まち」が成長していくことを目指しています。

小さくとも本物の地域資源を磨き上げ、次代に繋げることで輝く地域資源として利活用する「文化観光まちづくり」を進めてまいります。

＊文化観光法：「文化観光拠点施設を中核とした地域における文化観光の推進に関する法律」の略、文化の振興を、観光の振興と地域の活性化につなげ、これによる経済効果が文化の振興に再投資される好循環を創出することを目的に令和2年法律第18号として公布、同年五月一日に施行。

第八章　千葉県一宮町　千葉県立一宮商業高等学校のスーパープロフェッショナルハイスクールの取り組み

田中善洋

はじめに

千葉県立一宮商業高等学校は、一九二五（大正一四）年に一宮町有志により、私立一宮実業学校として設立されました。一九五三（昭和二八）年に千葉県立一宮商業高等学校となり、二〇二五（令和七）年に創立一〇〇周年を迎える、単独の商業高校です。現在は商業科三クラス、情報処理科一クラスの生徒総数四八〇名規模の学校となっています。また、一宮町の様々な行事に積極的に参加しており、高校生の活気を町にもたらし、活力ある町を支えている学校であるといえます。

東京二〇二〇オリンピック・パラリンピック競技大会（以下「東京二〇二〇大会」という）において、初めての開

一宮町

催となるサーフィン競技の会場として一宮町の釣ヶ崎海岸が選ばれ、町では、この世界的イベントを地域観光活性化の起爆剤として、町の振興につなげていこうとする機運が高まりました。一宮商業高校も地域と一体となっての機運醸成へ向けての活動に取り組み、二〇一七（平成二九）年には千葉県よりオリンピック・パラリンピック教育推進校の指定を受け、千葉県、一宮町、一宮町商工会、町内の小中学校、サーフィン業組合等と連携した活動を広げました。

二〇一八（平成三〇）年に文部科学省から告示された学習指導要領の教科「商業」では科目「観光ビジネス」が新設されることとなりました。そして、一宮商業高校は東京二〇二〇大会へ向けて地域と連携した教育活動に取り組んでいる背景もあり、二〇一八（平成三〇）年四月、文部科学省よりスーパー・プロフェッショナル・ハイスクール（ＳＰＨ）の三年間の研究指定（二〇二一（令和三）年三月まで）を受け、観光教育の研究開発に取り組むことになりました。

千葉県立一宮商業高等学校

この研究では、教科「商業」の学びを通して、将来、観光を軸にして地域社会で貢献できる専門的職業人としての資質・能力を育成するために、どのような教育プログラムが有効かという点について、二〇二〇（令和二）年に開催される東京二〇二〇大会会場地（サーフィン）となった一宮町を中心とした外房地域の観光活性化に向けた取り組みを通じて明らかにすることとしました。

コロナ禍により、当初計画していた東京二〇二〇大会等を核とした研究が実施できなくなってしまいましたが、地域の魅力を再発見するとともに、大きく変化した日常生活の中で、商業の見方・考え方を働かせ「今、自分たちにできること」について思考したことは、商業教育の中での観光の学びの幅を広げることにつながりました。ここでは、スーパープロフェッショナルハイスクール事業での活動内容から、研究指定後の取り組みと今後の展望について紹介します。

第一節　スーパープロフェッショナルハイスクールの取り組み

一　研究概要

本研究では、教科「商業」の学びを通して、将来、観光を軸にして地域社会で貢献できる専門的職業人としての資質・能力を育成するために、教科「商業」としてどのような教育プログラムが有効か、という点について、二〇二〇（令和二）年に開催される東京二〇二〇大会会場地（サーフィン）となった一宮町を中心とした外房地域の観光活性化に向けた取り組みを通じて明らかにすることとして始まりました。具体的には、『マネジメント』、『観光コンテンツ』、『国際交流』、『観光マーケティング』、『観光・地域ビジネス』の五つの分野に重点を置き、本校生徒が、一宮町を始めとする隣接市町等との連携を軸にしながら外房地域の多様な関係者を巻き込み、科学的アプローチを取り入れた観光地域づくりを行う組織（＝高校生版ＤＭＯ）を主体的に運営し、各種観光データの活用による観光マーケティング戦略の策定や、「モノ消費からコト消費」の流れに対応した着地型観光商品・サービスの開発及び販売、インバウンド受入体制の構築、首都圏からの観光客をターゲットに据えたプロモーション活動及び関連コンテンツの制作に取り組む過程をとおして、専門的職業人の育成につなげることとしました。

二　研究内容

二〇一八（平成三〇）年四月から二〇二一（令和三）年三月までの三年間での研究であり、最終年度の東京二〇二〇大会時に学校と町・地域が一緒になり、一宮町を中心とした外房地域の観光活性化に向けた取り組みを実践するために、初年度より段階的に研究を進めました（表8－1）。

三　主な取り組み

東京二〇二〇大会での観光客をターゲットに据えたプロモーション活動及び関連コンテンツの制作やおもてなしに向けて、「国際交流」「観光マーケティング」分野では外部講師による講演を取り入れることで学習効果を高めました。「国際交流」は、一年生の「コミュニケーション英語Ⅰ」二年生の「コミュニケーション英語Ⅱ」を中心に「アクティブでインタラクティブな授業」をとおして英語の活用能力を高めました。東京オリンピックへ向けて、言語活動の育成にあわせて、外国人にも伝わるピクトグラムのメッセージ性についても触れ、共通認識できるピクトグラムづくりも行いました。「観光マーケティング」は、二年生の「地域観光Ⅰ」を中心に、講演をとおして「観光マーケティング」の知識を深め、その知識を活用して観光商品・コンテンツの企画に取り組みました。

「観光・地域ビジネス」、「観光コンテンツ」、「マネジメント」は、それぞれの授業の中で、地域と連携した実践に取り組みました。「観光・地域ビジネス」は、一年生の「現代社会」で地域の歴史・文化について調査し、「上総十

表8－1　３年間の主な計画

１年目 2018（平成30）年	地域観光ビジネスの基礎的知識や、コミュニケーション能力、情報活用能力など、ビジネスに関する専門的知識・技術を習得させるとともに、地域観光の実状を理解させる。そのために、下記の内容で研究を進める。 ５つの分野（『マネジメント』、『観光コンテンツ』、『国際交流』、『観光マーケティング』、『観光・地域ビジネス』）に重点を置き、それぞれ分野ごとに講演会の開催及び該当科目での学習による知識の習得
２年目 2019（平成31）年	分野ごとに研究開発を進化させ、観光ビジネスに必要な知識・技術を習得させるとともに、「高校生版DMO」としての活動による、実践的な観光人材を育成する。 ○学校設定科目「地域観光Ⅰ」 ・「高校生版DMO」の実践的な活動研究 ・観光マーケティング塾（初級編）の開催 ○「コミュニケーション英語Ⅱ」 ・能動的なコミュニケーション活動と実践的なコミュニケーション能力の定着 ○「地理歴史」 ・国際的な視点から見た、地域の地理的特徴の理解 ○「プログラミング」 ・一宮町の魅力として紹介する観光名所やイベント、歴史、店舗などについて紹介するマルチメディアコンテンツを作成（作成するコンテンツは、写真、動画、音声などのデータをフィールドワークで収集し、観光アプリで紹介する一宮町の魅力に関するページ作成）
３年目 2020（令和2）年	２年目の事業に加え、分野ごとの研究開発をもとに、地域に誇りと愛着をもち、より良い地域社会の構築に向けて主体的・協働的に取り組むことができ、専門的知識・技術を駆使した実践力を発揮することで、地域観光ビジネスの活性化を通じて地域社会に貢献できる人材を育成する。 ○「プログラミング」 ・２年目に作成した観光コンテンツをアプリで表示する方法の学習 ・Googleストアにリリースして、ダウンロード数をもとにした作品の評価 （一宮町の観光アプリを開発することにより、IT技術を使った地域振興） ○学校設定科目「地域観光Ⅱ」及び「課題研究」 ・「高校生版DMO」の本格的運営をとおした実践力の育成 ・観光マーケティングの実践的活動

二社祭り」のインタビューを実施し、観光パンフレットの作成を行いました。一年生の「ビジネス基礎」では、地域の特色あるビジネスについて調査し文化祭で販売実習を交えた活動に取り組みました。「観光コンテンツ」は、情報処理に関する授業内で観光アプリの開発に取り組みました。「マネジメント」は、二年生の「地域観光Ⅰ」と三年生「地域観光Ⅱ」で、着地型観光商品・サービスの開発や地域プロモーションの企画に取り組みました。特に地域との連携を多く取り入れた活動を三つ紹介します。

一．波乗りアーケード

一年生の「ビジネス基礎」で、外房地域の特色あるビジネスについて調査し、地域ならではの商品を販売することで地域の魅力を発信する「波乗りアーケード」を文化祭で開催しました。実施にあたっては、地域の魅力として発信したい商品を取り扱っているお店・企業と連絡を取り交渉を行い、販売計画から販売促進までの一連のビジネス活動を体験しました。

二．観光アプリ開発

一年生の「情報処理」で観光アプリのアイディア考案を行い発表する「観光アプリアイディアコンテスト」を実施し、二年生情報処理科の「プログラミング」で観光アプリに掲載する一宮町の魅力を取材し、情報デザインの観点から観光コンテンツを作成する学習を行い、三年生情報処理科の「プログラミング応用」で統合開発環境Ａｎｄ roid Studioを使って一宮観光アプリを開発する授業を実施しました。

三 なみのり甲子園でのタウンプロモーション

二年生の「地域観光Ⅰ」で、東京二〇二〇大会での地域のプロモーション活動の実践へ向けて、オリンピック会場となる釣ヶ崎海岸で開催された高校生サーファー日本一決定戦「なみのり甲子園」会場で一宮町と大会運営者のご協力をいただき、PRブースの運営を行いました。PRブースでは、一宮商業高校の生徒と職員を対象とした地域のおすすめのお店アンケートをもとに作成したお店紹介のチラシ「波乗りグルメ」の配布・案内と、上総一ノ宮駅周辺の観光資源をフィールドワークして撮影したおすすめスポットの写真投票「高校生波乗りフォトコンテスト」を開催しました。

四 高校生版DMO「一商生の波乗れDMO」

「DMO（Destination Management/Marketing Organization）」とは、地域の多様な関係者を巻き込みながら、科学的アプローチを取り入れた観光地域づくりを行うプロデューサー的な組織のことです。本校では、地域との連携を軸にしながら多様な関係者と協働して、ビジネスを通した観光地域づくりを行う高校生版DMO「一商生の波乗れDMO」を発足し、観光地域づくりの学びを深めることとしました（図8－1）。「一商生の波乗れDMO」が参考にしたのが、ハワイのDMO「HTA（Hawaii Tourism Authority）」です。「HTA」は、アロハ文化を継承すべく「地

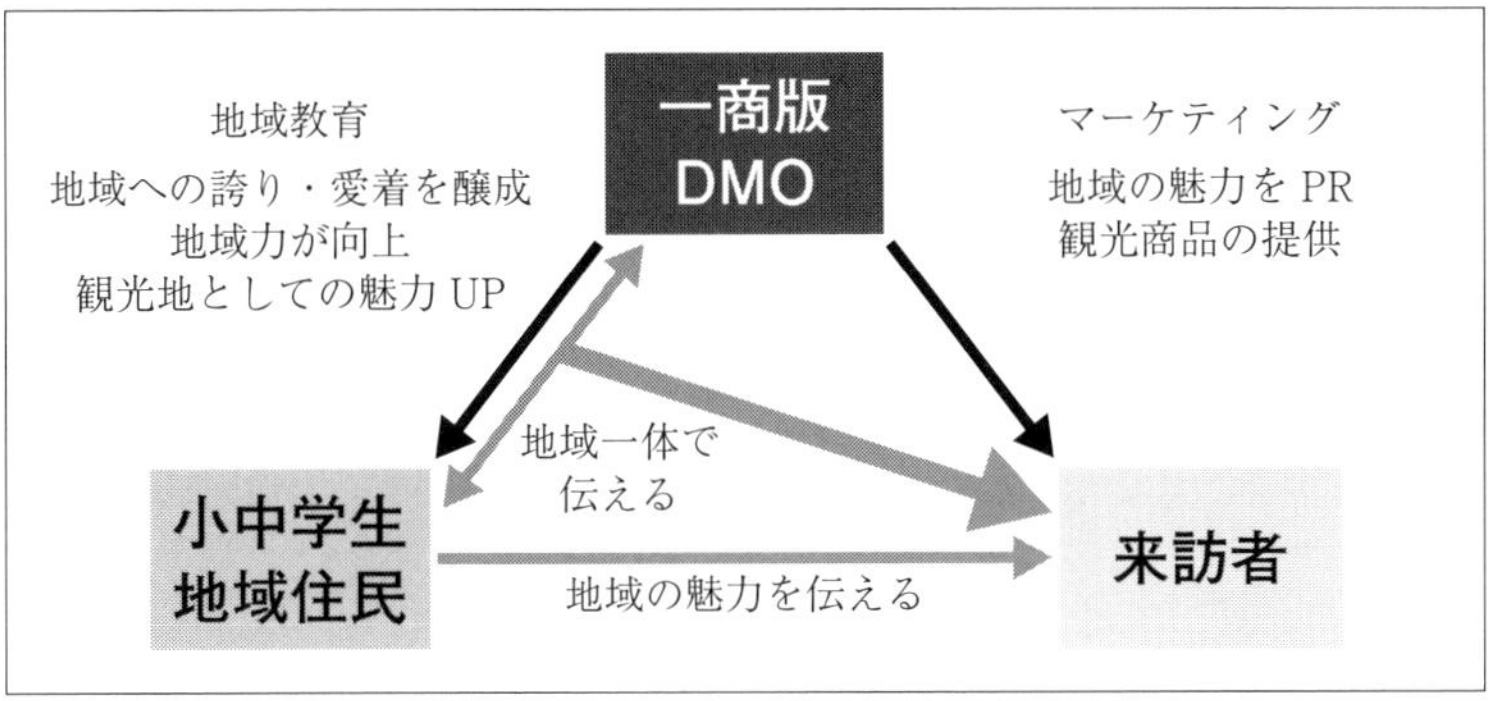

図 8－1　一商生の波乗れ DMO

域への教育」に力を入れた結果、住民の地域に対する誇り・愛着である「シビックプライド」が醸成され、地域力の向上、観光地としての魅力向上につながり、来訪者の満足度が向上するという良い連鎖が生まれています。

東京二〇二〇大会開催時には、「地域観光Ⅰ・Ⅱ」を中心にＤＭＯを企画・運営し、地域の方々と一体となって来訪者へ地域の魅力の発信や、着地型観光商品・サービスの提供を計画していましたが、新型コロナウイルス感染症の蔓延により東京二〇二〇大会は延期となり、実践することが出来ませんでした。しかし、地域の方々との連携が進んでおり、さらなる連携の方向性が明らかになってきていることから、新型コロナウイルス感染症が収束した際には、「一商生の波乗れＤＭＯ」の活動をカタチに変えていきたいと考えています。

第二節　スーパープロフェッショナルハイスクールの指定を終えて

一　オリンピックレガシー

東京二〇二〇大会は新型コロナウイルス感染症の影響で無観客での開催になってしまいましたが、サーフィン競技が行われた釣ヶ崎海岸にある、大会でも使用された施設「ステラ釣ヶ崎」の壁面に、町内の学校の児童・生徒たちが制作した絵画を飾る、「メモリアルアート」企画を一宮町より提案いただき制作しました。制作にあたっては、校内でデザイン案の募集をし、一宮町と千葉県塗装工業会の皆さまのご指導のもと、大きな波をモチーフにした釣ヶ崎海岸を描きました。メモリアルアートは、二〇二二（令和四）年一一月に「ステラ釣ヶ崎」の東側壁面に設置されました。関わった児童・生徒たちにとって、東京オリンピックサーフィン種目と釣ヶ崎海岸、アートを制作する過程が強く刻まれる貴重な体験となりました。

二　観光教育の定着

二〇二一（令和三）年三月をもって、スーパープロフェッショナルハイスクールの研究指定は終了しましたが、学校設定科目「地域観光Ⅰ（二年選択授業）」「地域観光Ⅱ（三年選択授業）」を中心に観光教育を継続しています。

「ステラ釣ヶ崎」に設置されたメモリアルアート

二〇二〇（令和二）年三月以降、新型コロナウイルス感染症の世界的流行により、学校教育も大きな制限を受ける中、コロナ禍での新たな旅の在り方として「マイクロツーリズム」、地域の自然環境や文化、伝統などを守りながら、地域資源を持続的に保つことができるような旅の在り方として「サステナブルツーリズム」への関心が高まり、私たちの観光の捉え方も幅が広がりました。二〇二〇（令和二）年は、緊急事態宣言による休校や密を避けた教育活動の展開のため、グループワークやフィールドワークが出来ず、個人での学習が多くなりましたが、これまで観光資源として注目されていた観光スポットだけでなく、自然環境や歴史文化、身近にある施設やお店など、地域の魅力を深掘りすることができました。

二〇二一（令和三）年も新型コロナウイルス感染症の猛威は収まらず、グループワークやフィールドワークが出来ず、個人での学習が多くなりましたが、前年の学習スタイルで地域の魅力の見方にも幅ができたことから、一宮町で楽しむ「マイクロツーリズム」や「サステナブルツーリズム」のコース作り等の学習に取り組み、コロナ禍前には気づくことが出来なかった地域の魅力を再発見することができました。

一商生が企画立案した地域観光ツアー

そして、二〇二二（令和四）年。当時の三年生の「地域観光Ⅱ」選択者は、二年生の修学旅行に代替日程を組んだものの行くことが出来なかったことから、学校が半日になる六月一週目の面談週間に、一宮町内をバスで回るプチ修学旅行ができないかと考えました。学校行事やバスの乗車の制限の範囲内で企画・検討を行い、校内で希望者を募り人数を制限して催行することにしました。四人グループでツアーを企画立案し、その中から、学校発↓釣ヶ崎海岸↓一宮乗馬センター↓ジェラートがおいしいレストラン↓学校着の約二時間のツアーを催行しました。催行にあたっては一宮町よりマイクロバス「いちのみや号」の運行のご協力をいただき、ツアーを企画したメンバーがバスガイドとして車内アナウンスや各スポットの説明を行いました。また、立ち寄らせていただいたお店や施設の方々にも温かくお出迎えいただきました。企画したメンバーからは、自分たちの企画したツアーが実現したことと参加者が喜ぶ姿を見て嬉しかったと話し、参加者も町内でも行ったことのなかった場所に友達と行くことが出来て楽しい時間を過ごすことが出来たと笑顔で話しました。

二〇二三（令和五）年も、前年同様にグループでツアーを立案し授業内でプレゼンを実施し、ツアーの掲示物を作成し校内の掲示板に掲示し投票により催行するツアーを決定し、おしゃれなハワイアンスイーツをテイクアウトできる洋菓子店→釣ヶ崎海岸→サーフカルチャーを楽しめハンバーガーが美味しいサーフショップ→おしゃれな建物とアサイーボウルを楽しめる施設をまわるツアーを一宮町やお店の方々のご協力のもと催行しました。企画したメンバーは前年同様に参加者が喜ぶ姿に感動し、この体験をきっかけに観光関連の学部への進学を決めた生徒がいます。参加者も時間の経過を惜しむ様子が見られ、一宮町の新たな魅力を再発見できたとの声をきくことができました。

三　観光教育の発展

スーパープロフェッショナルハイスクールの研究指定を終えて、コロナ禍で思うように展開できない状況ではありましたが、観光教育を継続してきました。高校生版ＤＭＯの活動はまだ活発化しておりませんが、着実に地域との連携を深めています。そのような中で、二〇二三（令和五）年、千葉県の県立高校改革推進プランで、本校に二〇二四（令和六）年入学生より「観光コース」を設置することになりました。「観光コース」は、サービス経済化の進展や本県の産業施策に対応し、観光ビジネスの未来を担う人材を育成するために設置されるもので、観光に関する知識や技術を習得するとともに、観光ビジネス従事者としての心構えやマナー、おもてなしの精神などを学習し、将来観光ビジネス分野で活躍できる人材を育成します。

これまで、二年生の「地域観光Ⅰ」、三年生の「地域観光Ⅱ」を中心に観光教育を行っていましたが、コースの設置により、二年生で「観光ビジネス」と「観光ホスピタリティ」を学び、観光ビジネスと観光ビジネス従事者としての心構えやマナー等について学び、三年生で「地域観光」を学び、高校生版ＤＭＯの運営をとおして、着地型観光商品・サービスの開発及び販売、首都圏からの観光客をターゲットに据えたプロモーション活動及び関連コンテンツの制作に取り組み、より専門的な観光人材の育成をすすめてまいります。

おわりに

東京二〇二〇大会会場地（サーフィン）にある商業高校として、地域の方々と連携して国内・世界中から訪れる方々へ、地域の魅力を伝えるとともに「着地型観光商品・サービスの開発や販売」、「インバウンド受入体制の構築」、「首都圏からの観光客をターゲットに据えたプロモーション活動及び関連コンテンツの制作」といった商業の学びを生かしたおもてなしを実践することで「五輪後もまた来たい」と思っていただける地域づくりと観光人材の育成を目指しましたが、新型コロナウイルス感染症の蔓延により東京二〇二〇大会をとおしての実践は叶いませんでした。

しかし、これらの取り組みはオリンピック・パラリンピックの機会だけのものではありません。二〇二一（令和三）年に開催された東京二〇二〇大会では、無観客になってしまったものの一宮町の釣ヶ崎海岸で初めてサーフィン競技が開催され、競技会場には開催を記念したモニュメントが作られたり、五輪開催時に活用された施設の一部が観光施設としての機能を果たしていたり、何より一宮町がメディアに取り上げられる機会も増え、町の存在を多くの方に知っていただくことができました。そして何より、私たち自身が身近にもたくさんの魅力が存在することに気づきました。

一宮町は、町名のとおり、上総の国の一宮「玉前神社」をはじめ、多くの歴史的建造物が残る歴史文化がある町です。自然に目を向けると、内陸部には里山、東側には九十九里浜が広がります。また、農産物の栽培に適し「トマト」「メロン」「梨」をはじめ長生きブランドとして有名です。海では一年をとおしてサーフィンを楽しみに訪れる方々の姿がみられます。また、絶滅危惧種となっている「アカウミガメ」が毎年産卵に上陸しています。小さな町ではありますが、コンパクトな中に多くの魅力が詰まった宝石箱のような町で、本校の取り組みにも多くの方々が好意的に協力してくださっています。これからも、一宮町をはじめ、多くの方々と連携し、一体となって地域の魅力を発信していくことで、みんなに愛され輝く一宮町を創造し、観光地域づくりと、未来の地域観光をリードする観光人材の育成に取り組んでまいります。

第九章　岡山県奈義町　合計特殊出生率二・九五％
〝奇跡のまち〟の少子化対策

奥　正親

第一節　地域ぐるみで高い出生率を達成

岡山県の北東部に位置する奈義町は、秀峰・那岐山に抱かれた自然豊かな町です。また、世界的な建築家磯崎新氏が設計した奈義町現代美術館、江戸時代から保存継承される横仙歌舞伎など、芸術と文化が息づく町でもあります。

人口六〇〇〇人弱のこの小さな町でも、一〇年ほど前までは他の過疎地域と同様、少子高齢化に苦悩していました。しかし、二〇一二（平成二四）年に、子どもは町の宝とする「子育て応援宣言」を行い、行政のみならず地域ぐるみで子どもの成長を支えるまちづくりを推進しました。その結果、二〇一四（平成二六）年の合計特殊出生率は

奈義町

二・八一（全国平均一・四二）、二〇一九（令和元）年には二・九五（全国平均一・三六）という、日本トップクラスの出生率を達成しています。また近年は、若い世代の移住定住が加速し、社会増を獲得している状況となっています。

第二節　町ぐるみの主体的な子育て支援

一　子育て支援拠点施設の三つの機能

奈義町の特筆すべき点は〝地域ぐるみの子育て〟です。その拠点は、二〇〇六（平成一八）年に幼稚園の統廃合により空園舎となった園舎を「なぎチャイルドホーム」と命名し、常設の子育て支援施設を設置しています。

このチャイルドホームには三つの機能があります。一つ目は、子育てママがいつでも気軽に相談や情報交換ができる「つどいの広場」です。

なぎチャイルドホームで交流する子育てママ

常勤の子育てアドバイザーや他の子育てママと一緒に、いつでも気兼ねなく悩みごとや心配事などを相談したり、日頃の様子を話すことができます。また、アドバイザーから「ケアが必要な母子がいる」といった連絡が入った場合には、町の保健師や専門機関等と連携してサポートできる体制をとっています。

二つ目は、母親と子どもたちが集団で学び・遊べる「自主保育たけのこ」です。この自主保育は、保育士＋当番の保護者（輪番制）により、家庭的な雰囲気を大切にしながら保育を行う仕組みです。自主保育に参加する保育士と母親は、毎月振り返りを行って、子育ての不安や悩みを共有するとともに、互いに励まし合い、様々な子育て感を認め合うことで、自身の子育てに自信を持ち、母親の孤立防止の役割も担っています。子育てママの輪番制にすることで、空いた時間には自分の趣味や買い物、美容院に行くこともできます。

三つ目は、子どもを一時預りする「スマイル」です。

一般の保育園のように保育士が預かるのではなく、地域の人がこの施設を利用して一時預りをする仕組みで、預かる人が顔見知りの地域の人のため、子ども・保護者にとっても安心感があります。

岸田首相、なぎチャイルドホーム視察　2023 年 2 月

なぎチャイルドホームにて

二　行政主導でなく安全・快適な施設と主体的子育てを支援

このチャイルドホームの運営は、施設側がサービスを一方的に提供するのではなく、子育てママたちのやりたい子育てができるようにサポートをすることが基本です。また、地域の方、高齢者の方々も気軽に来訪し、子どもたちに料理や農作業、山登り、音遊びなど、様々な体験を提供しています。そのため、チャイルドホームの利用者からは、「子どもが毎日チャイルドに行くことを楽しみにしている」「チャイルドに行くことで移住後すぐにママ友ができた」「地域の方が子どもに沢山の体験をさせてくれるので嬉しい」などの声が聞こえます。

町としては、必要以上に手を出しすぎず、安全で快適に施設が利用できるよう支える側に徹し、行政主導の子育て支援施設とならないよう心掛けています。このチャイルドホームが子育て世代や地域の方の〝第三の居場所〟となり、自分事として関わり続けられるような仕組みづくりを支援しています。

第三節　切れ目ない経済支援と特色ある教育環境の整備

一　多子世帯を支えるきめ細やかな経済支援

奈義町の子育て世帯の特徴として〝多子世帯〟があげられます。小中学生を持つ子育て世帯を調査すると、約半数が三人以上の兄弟姉妹の家庭です。中には、五人兄弟、六人兄弟の家庭も珍しくありません。そのため、子育て世帯への経済的支援として町独自の様々な取り組みを行っています。

その一例として今春開園した奈義町立なぎっ子こども園における保育料は、一律国基準の五五％に軽減する他、多子世帯が多いため、二人目の保育料は半額、三人目以降は無料としています。

その他にも、健やかな子どもたちの成長と子育て家庭を支援するため、「不妊・不育治療費の助成」「第一子目から出産祝い金を交付」「出生時から高校卒業まで医療費無償化」「法定外予防接種（水疱瘡など）の全額公費負担」「就学前まで在宅で育児する家庭に在宅育児支援金として月額一万五〇〇〇円／人を交付」「ひとり親家庭に月額二万七〇〇〇円／人を交付」「小中学校教材費の無償化」「小中学校給食費の半額助成」「高校の就学支援金として二四万円／年を交付」「大学生には町独自の奨学金制度を設け、卒業後に町内に帰郷し就職した場合は最大半額を返済免除」など従来からおこなってきた支援に加え、令和六年度からは、こども園・小中学校の給食費完全無料化をスタートさせるなど、出産から子育て・進学・就職するまで、切れ目のないきめ細やかな各種経済的支援を行っています。

二　地域住民の授業支援と町独自の特色ある教育

また、教育面においては、地域住民の方が学校ボランティア（一〇〇人以上）となり、習字や読み聞かせ、掛け算クク先生、縫物、米作り体験などの授業支援を行う他、江戸時代から続く横仙歌舞伎を小学校の総合学習に取り入れ、小学四年生の時に全小学生が歌舞伎にチャレンジします。

その他にも、八年前から劇作家・演出家の平田オリザ先生を招聘し、これからの時代を生き抜くために必要とされる非認知能力（主体性・多様性・協調性など）を養う町独自の教育として、小中学校で演劇手法を取り入れたコミュニケーション教育を実践。全国でもいち早く、子ども真ん中応援サポーター宣言を行った町として、子ども達の素朴で素直な意見を町政に反映するため「こども議会」を開催。令和六年度からは、国際感覚豊かな子どもの育成と、これからの時代に必要となる英語教育を公教育で充実させるため、こども園の三歳児クラスから中学三年生までの一二学年で「一学年一名のＡＬＴ（英語指導助手）を配置」しています。

第四節　子どもたちに安心安全の医療を提供する体制づくり

奈義町には、小児科や救急医療機関がありません。しかし、奈義町には全国でいち早く家庭医制度を導入した奈義ファミリークリニックが開設されています。これにより、小規模自治体ながら子育て世代のニーズを反映させた病児保育「コアラのお医者さん」も行っています。この病児保育は、家庭医として全国的にも著名な奈義ファミリークリニックの松下明医師と連携し、子どもたちに安全安心な医療の提供と、共働き世帯などへの支援として二〇一四（平成二六）年からスタートさせました。また、子どもたちの万一に備え、小児科医や救命救急医療機関のある隣接の津山市と連携協定を締結し、小児科医や救急医療機関に救急で掛かれる仕組みを作っています。併せて、子どもの疾病の早期発見・早期治療が行えるよう、一〇年以上前から、出生時から高校を卒業するまでの入院・通院に係る医療費を全額町費で負担しています。このように子育て世代が安心して医療機関にかかれる仕組みを整えています。

さらに、課題を抱える子どもたちとその家族の交流や第三の居場所として、常設の集いの場「みんなのお家ぽっかぽか」を開設。運営はその保護者や地域の方々に一任し、課題の有無に関わらず、どの子どもも自分らしい生き方ができるような取り組みも行っています。

第五節　子育て世代の多様なニーズに合わせた住宅支援・整備

奈義町では、町内の子育て世代のみならず、都市部から奈義町を選んで移住を希望される子育て世代が、理想の住まいで快適に生活できるよう、町自ら賃貸住宅や分譲地住宅の整備を行っています。

町営の賃貸住宅としては、お洒落な外観・岡山県産木材・浴室乾燥まで備えたオール電化の戸建て住宅を〝若者住宅〟として月額五万円（近隣相場の約七割の家賃）で提供しています。整備にあたっては子育て世代の意見や要望をヒアリングし、その意見を反映させた間取りや機能を付加しました。また、旧雇用促進住宅（集合・全六〇戸）を町で買い上げしてリノベーションし、月額二万二〇〇〇円～三万円（近隣相場の約五割の家賃）でも提供しています。

その他にも、民間企業と連携し、より安価で魅力的な賃貸住宅が提供できるよう、民間企業様が戸建て賃貸住宅を

岡山県産木材をふんだんに使用した若者住宅（戸建て）

整備する際に三〇〇万円／戸の助成金を交付するなど、子育て世代の方が住みたいと思える賃貸住宅の整備に努めています。

また、子どもの成長に伴い、持ち家による定住を希望する子育て世帯のニーズに対応するため、町営の分譲地を八七区画整備し、近隣相場よりも安価な価格で分譲を行っています。賃貸住宅と同様に、民間企業様が町内で分譲地を整備する際にも一〇〇万円／区画の助成金を交付しています。このように、奈義町を気に入って住んで下さった子育て世帯が、町内で賃貸から持ち家に住替えがしやすい環境を整えています。

近年、都市部で子育てをされている方の中には、気候風土が良く、教育環境が整い、子育てしやすい環境を求めた移住者が増加しています。そのような方の中には、空家への移住を希望されるニーズも高いため、町では、空家の購入助成として最大一〇〇万円の助成の他、家財整理補助、空家リノベーション補助、空家除却補助、空家賃貸住宅補助などの支援に加え、空家所有者から町で一二年間借上げてリノベーションし、賃貸住宅として提供するなど、子育て世代の多様なニーズに合わせた理想の住まいの提供を行っています。

第六節　ちょっと働きたいをマッチング、多世代交流の場にも

住民の声に耳を傾ける中で、子育て中の母親や高齢者から「空いた時間に少しだけ仕事をしたい」、「子連れでできる仕事があると嬉しい」などの声が寄せられました。町では、そうした声を受けて事業所を訪問し、人手不足等の課題について聞き取りを実施しました。その結果、「常勤では雇用できないが繁忙期に人手が欲しい」、「困ったときに手伝って欲しい」などの課題を抱える事業所が多数存在することが判明しました。

そこで両者の「ちょっと」をつなぐ仕組み「しごとコンビニ事業」を発案し、二〇一七（平成二九）年から全国で初めてスタートさせました。場所は、廃業したガソリンスタンドをリノベーションした「しごとスタンド」です（近年、本町のしごとコンビニをモデルに数自治体が取り組んでいる）。

事業の運営は、住民が立ち上げた一般社団法人奈義しごとえんが担い、作業を依頼する事業所や町民の「ちょっと手伝って」と、仕事を希望する子育て中の母親や高齢者等の「ちょっと働きたい」という思いをマッチングしています。仕事の内容は、企業者や商店から依頼されるチラシや広告・ポスターの作成、データ入力、伝票整理、事業所の清掃、農家の種まきや収穫、一般家庭の草刈・剪定や引っ越しの手伝い、家財の片づけなど多種多様です。しごとのマッチングでは、特技をお持ちの方にあった仕事や、やりたいと思う仕事をできるだけ紹介するようにしています。

また、同世代だけでなく多世代が交流しながら一緒に働けるようワークシェアリングすることで、必然的に顔見知りが増え、また高齢者から生活の知恵を学ぶ機会や、逆に若い世代にレクチャーすることで高齢者の生きがいづくりにもつながっています。

この〝しごとコンビニ〟の仕組みには、町内の子育てママから高齢者の方まで三一〇名（二〇二四（令和六）年一月末時点）の方が登録されています。登録者の方からは「子どもと一緒にしごとができるので助かる」（二〇代女性）「以前していたデザインの経験を生かしてお店のポスターを作っていますが、お店の方が喜んでくれるのが嬉しい」（三〇代女性）「夫の定年後に奈義町に移住して来ましたが、若い人と一緒に仕事をして元気をもらっています」（六〇代女性）などの声も聞かれます。

その他にも、町営の工業団地を整備し、町内での雇用の場の確保を図るとともに、〝自分でやりたい〟を支援するため、起業を希望される方には最大三〇〇万円の起業者支援補助金なども交付しています。また、昨今のリモートワーク・テレワークへのニーズに応え、廃園となった旧幼稚園を町内のまちづくり法人がリノベーションし、サテライトオフィス等として運営しています。

マルシェでは子どもも手作り菓子を販売

第七節　地域での交流の促進（地域経済の活性化）

一　子育てパパ・ママと子どもが一緒に参加

奈義町では、子育てママが子どもと一緒に参加できるセミナーや勉強会を多数行っています。講師は、子育てママからの要望に臨機応変に対応し、先輩子育てママから大学教授、民間企業で活躍する子育て専門家まで幅広く、地方の田舎で子育てをしていても、都市部以上の学びや体験の機会を提供しています。近年では、子育てママたちの人材育成研修の中から「子どもたちも一緒にできるマルシェをしたい！」との発案があり、多世代交流施設ナギテラス（二〇二〇グッドデザイン賞受賞）を会場に、子育てママが子連れでマルシェを開催しています。

さらに、女性の出産・子育てには、父親の家事や育児への参加がとても重要であることから、父親の育児参加や父親同士の交流機会の場としてチャイルドホームを休日に開館し、お父さんと子どもだけでのイベント「お父さん運動会」や「お父さん遠足」「お父さんと野草でクッキング」なども行っています。

3世代交流会の様子

また、ライフスタイルの多様化により核家族が進む傾向にあります。そのため、地域の中で子どもたちがいつまでも健やかに伸び伸びと成長できるよう、昔遊びや郷土料理などを通じた三世代交流会を定期的に開催しています。加えて、年齢や障がいの有無に関わらず、誰もが楽しめる運動公園をめざし、多様な方々が楽しめるインクルーシブ遊具の設置も進めています。

二　地域経済の活性化と合わせた子育て支援

その他にも、全国でいち早く導入した〝ナギフトカード〟（ＩＣチップ入りのオリジナルカードで全町民が所持）も、子育て支援につながっています。このナギフトカードには、町内の全八一店舗で使用できる電子マネー、ポイント、プレミアム電子商品券、町からの給付金の四つの機能が搭載されています。

例えば、ポイント機能では、健康づくりやボランティア活動への参加、子どもたちの夏休みラジオ体操、公共交通（なぎバス）、公共施設（図書館、チャイルドホーム、文化センターｅｔｃ）などの利用で付く行政ポイント（全五四メニュー）と、町内の商店や飲食店などの利用で付く買い物ポイントがあり、いずれも貯まったポイントは一ポイント一円で利用できます。なお、このナギフトカードは、スマートフォンに対応した町公式アプリとも連動しており、スマホ決裁も可能となっています。

このように日常的な社会活動やボランティア活動、子育て支援を促しつつ地域経済の活性化も併せて図る取り組みを進めています。

第八節　人口減少対策・少子化対策へのコメント

奈義町では、子どもたちには豊かな教育を、若者には夢と希望を、青壮年には町づくりの楽しみを、高齢者には安らぎと潤いある生活を提供できるよう町を築いていきたいと考えています。そのためには、人口維持に町民一丸となって取り組まなければなりません。

人口を維持することで、病院や商店、公共交通等、私たちの暮らしに欠かせないものを存続させることができるのです。さらに将来の町づくりや、高齢者の暮らしを支える人材育成もできると考えています。人口維持は、少子化対策だけでなく、高齢になっても安心して住み続けられる町づくりへとつながっていきます。

若者は出産・子育て・教育・家計に大きな不安を抱えています。

奈義町では、住民の意見を汲み上げて行政がスキームを創り、そのスキームに住民が参画し運営・発展させる子育て支援を進めています。若者の多様化するライフスタイルや価値観に耳を傾け、経済的・精神的な不安を丁寧に汲み取り、地域全体で支えることが〝安心感〟という処方箋となり、少子化問題の解決の糸口になると考えています。

第一〇章　鳥取県岩美町　地域における健康づくり推進事業

――自治会単位での健康づくり活動を、保健師、管理栄養士と共に――

岩美町健康福祉課

第一節　町の概要

岩美町は、鳥取県の最東北端に位置し、東は兵庫県に、西は鳥取砂丘で有名な鳥取市、南は万葉歌人の大伴家持が因幡国守として赴任した現在の鳥取市国府町に接し、北は日本海に面しています。中国山地の扇ノ山・河合谷高原から続く山地と海岸部は「白砂青松の磯」として山陰海岸国立公園屈指の景勝地となっています。奇習〝湯かむり〟で有名な岩井温泉があり、豊かな自然に恵まれる『海と山と温泉の町』です。元々は一九五四（昭和二九）年七月、浦富町・岩井町・東村・田後村・網代村・大岩村・本庄村・小田村・蒲生村の二町七村が合併し、新たに「岩美町」として誕生しました。その後、平成の大合併に直面し、全国的に市町村合併が進み、鳥取県東部圏域におい

岩美町

ても、近隣市町の大合併が進むなか、二〇〇三（平成一五）年一〇月、単独自立を決定、「岩美町」として存続する道を選びました。そして今年、二〇二四（令和六）年七月に岩美町制施行七〇周年を迎えます。町の人口は、二〇二〇（令和二）年国勢調査で一万〇七九九人、三九二六世帯、年少人口は一一四三人（一〇・六パーセント）、高齢者人口は四〇五三人、高齢化率は三七・五パーセントと、少子高齢化が進んでいる状況です。

第二節　町の健康対策

本町は、総合計画で町の将来像を『みんなが笑顔で　住み続けたくなるまち　岩美町～魅力ある自然・文化を未来へ～』としています。この将来像の実現のため、「みんなが助け合う　住み心地の良いまち」、「ともに学び・つながり　互いを認めあうまち」、「みんなが安心して　健やかに暮らせるまち」、

「希望あふれる産業を創り・受け継ぐまち」、「魅力ある郷土を守り　活かすまち」を五つの基本目標に設定しています。

その基本目標の一つである『みんなが安心して　健やかに暮らせるまち』を達成するため、「子育て支援の充実」、「保健・医療の充実」、「福祉の充実」の施策に取り組んでいます。

今回、紹介する『地域における健康づくり推進事業』は、この目標を達成するために基本方針の一つとして「生活習慣病の発症及び重症化を予防し、自らが健康管理を行えるよう健康に関する啓発を行うほか、各地域における健康づくり実践活動を促進する」ことを掲げています。

本町の健康課題としては、第四次岩美町健康増進計画において、次のように分析しました。

①ガン・心疾患・脳血管疾患が死因の上位を占めており、高血圧・糖尿病などの生活習慣病の関与が強く考えられるため、生活習慣の改善や自身の健康状態を知り治療に結びつけることができる健康診査・各種がん検診の受診率の向上が重要になる。

②特定健診診査結果から、〝一回三〇分以上の運動習慣なし〟の割合が、鳥取県・同規模自治体・全国に比べて高い。

③血圧・脂質・血糖の複合有所見者が鳥取県・同規模自治体・全国より高い。特に、血圧項目を含む有所見者の割合が高いため、血圧管理をはじめとする循環器予防対策が必要と考える。

④介護予防基本チェックリスト結果から、二次予防事業対象者のうち、運動機能低下で該当する人が約六三パー

セントおり、高齢期における介護予防をふまえた運動機能低下予防対策が必要となる。ただし、高齢期だけの問題ではなく、幼少期からの生活習慣や健康状態が、将来の健康状態に大きく影響するため、子どもの健やかな成長を支えるためにも、周りの大人も一緒になって健康づくりに取り組む必要がある。

このように、本町の目指すべき将来像や健康課題を解決し、生き生きと自分らしく生きるために、住民自らが健康管理に取り組む、それをみんなで支え合うことで、健やかに暮らせるまちをつくることを目指します。

第三節　地域における健康づくり

これらの本町の健康づくり対策の一つとして、二〇二一（令和三）年度から『地域における健康づくり推進事業』を設け、各地区（町内九自治組織）で自主的な健康づくり活動を行っていただくよう、各地区を保健師、管理栄養士で地区分担し、各地区の健康づくり担当者とペアになって自主的な健康づくりの活動を進めています。併せて事業を行う際の活動経費助成として、支援金を交付しています。

この『地域における健康づくり推進事業』を始める前までは、一九七四（昭和四九）年から地域の健康づくりの担い手として「健康管理推進員制度」を実施していました。概ね集落単位で推進員を配置し、町全体で七四名が活動を行っていました。推進員の活動目的は、自分の住む地域において健康づくりのための自主的な活動や本町が実施する保健事業への協力等を行うというもので、本町の発行する検診受診券を各世帯へ配布し、受診勧奨することが主な活動でした。推進員が、検診受診券を持って各戸を直接訪問したその場で検診の受診勧奨を行うことで、受診率向上に繋がるとともに、健康づくりへの声かけもでき、町民が自分の健康を考える大切なきっかけとなっていました。この推進員活動により、検診の受診率が向上するなど、一定の効果はみられましたが、近年は核家族化や共働きなど住民のライフスタイルの変化に伴い、訪問時に不在の家も多く、以前のような対面での受診勧奨も難しくなってきていました。また、高齢化や過疎による集落の人口減等により推進員のなり手不足の地区も増えてくるなど、現行の体制での活動では十分な効果が期待できなくなってきてもいました。

この推進員の存続を検討する段階において、推進員に行ったアンケート結果では「受診券の配布を続けた方が良い」という意見が四一パーセントあった一方で、「郵送が良い」が約三三パーセントありました。推進員制度の必要性については、「継続は困難」が約二八パーセント、「必要性を感じない」が約八パーセントありました。また、「交替したいが次のなり手がいない」、「仕事をしていてこれ以上の活動は無理」といった意見もいただきました。

なり手不足については、推薦団体である地区の自治会長にもアンケートを実施し、「無理をすれば推薦できる」が五六パーセント、「なり手がいなく困難である」が約二二パーセントと約八割の団体が推薦に苦労していることがわかりました。このような意見を踏まえ、本町としてこの制度を今後も継続するかどうか再三検討し、各種がん検診・特定健診等の受診券は郵送することにし、受診勧奨については町広報紙、ケーブルテレビ、防災無線など様々な情報媒体を活用して周知を図りました。また、街頭宣伝車や会合等で重ねて周知を徹底し、検診未受診者に対しては受診歴や年齢などを分析し、個別通知・電話勧奨など、受診に繋がるよう、ナッジ理論を活用した効果的なアプローチを行いました。

ただ、今まで推進員が長くの間、受診勧奨してくださった部分は、事務的な方法で代替ができましたが、推進員のもう一つの役割・目的である、自分の住む地域において健康づくりのための自主的な活動を、どう代替したらよいのかが課題となりました。しかし、その解決方法は見つからず、地域の自主的な健康づくり活動を進めるうえでは、やはり住民の力を借りる方向で進めるしかないと、更に検討を重ねた結果、二〇二〇（令和二）年度に健康管理推進員制度を廃止し、先に紹介した『地域における健康づくり推進事業』を新設しました。

地域で健康づくり活動を自主的に考えていただくうえで、町は保健師、管理栄養士を地区分担制で配置しました。地域によっては、これまでも各々のグループで健康づくり活動を行っているところもありましたので、地域の繋がりはそのまま大切にしながら、地域が自主的な健康づくりに取り組めるよう、サポートを行いました。「今後、取り組みたい内容はどんなものがあるのか」「誰に声をかければ人が集まってくれるのか」など、既存の事業の見直しや地域の健康課題を担当者と話し合い、地域の状況を知っている担当者だからこそ知り得る地域資源を活用し、各地区にあったオリジナルの健康づくりに取り組みました。

これまでに実践された具体例を紹介します。

一つ目は、「健腸教室」「フレイル予防」など保健師、管理栄養士が町の課題を踏まえて、今伝えたい内容を盛り込んだ健康教育です。地区で聞きたい、一緒に考えてもらいたい内容をみんなで共有したいと考え、既存の事業に、健康の要素を組み入れ、地区でそれぞれに開催されているサークルや各種団体の会合をつないで合同で開催したも

田後地区　健康カフェ「玉手箱体操」

のです。ある地区では、毎月一回、地区で健康カフェを開催し、町オリジナルの介護予防体操「玉手箱体操」や脳トレなどを行っています。

「玉手箱体操」は、岩美町出身の作曲家、田村虎蔵先生が世に送り出した数々の唱歌の一つ「浦島太郎」にちなんでいます。何が入っているか分からないお楽しみの〝玉手箱〟。その箱を開けるドキドキした気持ち。開けば、わくわく楽しいことがいっぱい。いつまでも元気に、毎日を楽しく！　そんな思いを込めて「玉手箱体操」と名付けられています。参加者は、田村虎蔵先生が作曲した唱歌を子どもの頃を思い出しながら歌い、筋力アップに取り組んでいます。

二つ目は、「楽しみながら」をキーワードに、健康づくりを意識せず自然に健康になれる活動です。

岩美ガイドクラブの方を講師に地区内の名所を巡り、その場所の由来などを聞きながらウォーキングを行います。

岩井地区　健康ウォーク

実施している地区には、一二〇〇年の歴史がある岩井温泉、岩井温泉の守り神の御湯神社、旧岩井小学校跡地にある岩井廃寺（弥勒寺）三重塔の心礎（史跡）「鬼《おに》の碗《わん》」と呼ばれる穴のあいた巨大な岩など、多くの名所があり、これらは地区内に点在しているため、全て巡ると約三キロのルートになります。講師から各名所の紹介、由来及び成り立ち等の講話を聴きながらゆっくりと散策を行うことで、自然に楽しみながら健康づくりが行えます。

三つ目は、新型コロナウイルス感染症流行の中、何もせずじっとしているのではなく、きっと何か出来ることがあるはずと、地域の方が発案した取り組みの事例です。感染症予防対策を講じるために対面での開催が軒並み中止となり、併せて施設利用にも制限がかかり、集合形式による健康づくり活動ができない間、健康に関する情報紙を地区の担当者がオリジナルで作成し、全戸に配布し、地域全体で健康づくりは日々の積み重ねが大切であることを共有しました。

このように、今では健康づくり活動が行われていますが、地区担当した保健師、管理栄養士にこの事業が始まった頃のことを聞くと、「町の健康課題を解決するために、様々な健康教室や普及啓発活動を行ってきてはいるが、今は情報社会となり、テレビやインターネットで検索すれば、簡単に健康に関する知りたい情報が、ふと思い立った時に、しかも、いくつもの事例を入手することができるようになっていて、健康教室の参加を呼びかける通知を送っても、ひと昔前と比べると参加数が減ってきているのを年々感じていた。また、住民の情報のキャッチが早く、こちらが知識不足を感じることもあった。ただし、時にはその情報がその方にそぐわない場合もあり、適切な情報を提供する必要性が専門職の役割として、やはりあるのではと感じた。」と話してくれました。

そのようなことから、地区の担当者と話をする時に、どうしても、健康課題の説明や活動の方向性を、「このテーマでやってみませんか？」「こんな風に開催してみませんか？」と、地域主体と言いながらも、誘導や押し付けまでとは言いませんが、住民が自主的に取り組むのではなく、行政主導で進めていたのではないのだろうかと、改めて振り返ると感じるところがあったようです。

その最たるものが、二〇二一（令和三）年度、『地域における健康づくり推進事業』の初回説明会です。保健師、管理栄養士は、まず、地区の担当者に、「とにかく町の健康課題を知ってもらいたい」「健康教室で普及できない内容を、地区毎なら教室勧誘対象の方以外にも多くの方に啓発できる」と、今までの健康教育がうまく進められていない悶々とした思いを課題説明の言葉の中に熱く忍ばせました。併せて、何とか健診（検診）の受診率を向上させたいという思いから地区別の受診率を示して、「地区別の受診率格差を無くし、全体の受診率を向上させたい」と、深々とお願いをしました。今にして思えば、この説明は行政側からの一方的な健康づくりのお願いに過ぎなかったのかもしれません。

その後、新型コロナウイルス感染症の流行があり、集合形式での活動をすることが延期や中止となる中、「何かできることはないか、感染予防を講じれば、こんなことならできるのでは」と考えながらコロナ禍を過ごしたことで、二〇二三（令和五）年五月、新型コロナウイルス感染症が五類感染症になったことをきっかけに、久しぶりに集まれることの喜び、対面で集まれたら「こんなことがしたい、あんなことがやりたい」の思いが住民の方から湧き、保健師、管理栄養士が主導的に声かけをしなくても、「こんなことを計画してみたけど、どうかなあ」と、地区の担当者から連絡がくるなど、活動に前向きになっているのを感じました。事業を導入した当初、どういった活動を行えばよいのか各地区に戸惑いが見られたのは、もしかすると、自分たちがやりたい内容ではなく、行政から提案された本町の課題を解決するには、何をどうすればよいのか考えに困ったということからだったのかもしれません。

本町の保健師、管理栄養士の主導により、時には活動を行うこともありましたが、地域の力を信じ、地域の方が自分たちで考え、動き出すまでじっと「待つ姿勢」も必要なことだと改めて学びました。人が集える喜びを感じながら行われた活動なのだと実績報告に添付されている写真に写る参加者の笑顔からうかがえます。自分たちでどのようにしたら良いかを、始めの始めから自分たちで企画し、どうやれば楽しく出来るか試行錯誤しながら実施した活動は、その次の年もその次の年も継続され、内容も充実されてきています。更には、担当者に立候補する方もあり、年々活発化してきているように感じます。

人と人が顔を合わせるうれしさ・楽しさ・大切さが分かったコロナ禍明けだからこそ、地域が一つとなり、住民が自分たちの健康づくりを考えることで、その活動内容は、自分たちの生活に沿って自治会ごとに創意工夫がなされた取り組みとなってきているように感じます。紹介した事例の他にも、各自治会がそれぞれ住民の健康づくりに積極的に取り組んでいます。

今年で導入から三年が経過し、各自治会が様々な工夫を凝らし、自主的な活動に取り組んできているとはいえ、町の健康課題をそのままにしておくわけにはいきません。地域のやりたい事と上手にコラボレーションしながら、専門職としてしっかりサポートし、自然に健康になれる環境にしていきたいと考えています。どちらかが強くても、また欠けてもうまくいきません。小さなまち、住民との距離が近いからこそできることがあると改めて感じ、これからも町と住民が連携しながら一緒に健康づくりを進めていきたいと思います。

資料

全国小さくても輝く自治体フォーラムの会規約

（名　称）

第一条　本会は、全国小さくても輝く自治体フォーラムの会（以下「会」という。）と称する。

（目　的）

第二条　本会は、全国の自律（立）をめざす小規模自治体が、その目的と課題を共有し、①住民を元気にし、地域を活性化するなどの実践を研究・交流し、②小規模自治体が国土の中で果たしている役割、住民要求にもとづく、きめ細かな行政実践など特徴ある取り組みや、その継続・発展のための条件整備について、内外にアピールすることを目的とする。

（事　業）

第三条　本会は、前条の目的を達成するため、次の事業を行う。

㈠　小規模自治体同士の交流とそれに関する課題の追求や相互学習をテーマとし、年に二回程度開く例会について企画し、開催し、その都度広く全国に参加を呼び掛ける。

㈡　例会とは別に、担当町村を決め、小規模自治体のこれからの諸課題を研究し、その成果をまとめるため、研究発表会や政策研究会などを開く。

（会　員）

第四条　本会は、第二条の目的に賛同し入会した団体及び個人をもって組織する。団体とは、地方公共団体およびその連合体とする。

（役　員）

第五条　本会に次の役員を置く。

会　長　一名

副会長　二名

理　事　若干名（うち二名を監事とする。）

二　役員は総会において、団体会員の中から選任する。

三　役員の任期は二年とする。ただし、再任を妨げない。

四　役員に欠員が生じたときは、理事会が地域別に選任し、次回総会に専決事項として承認を得る。その任期は、前任者の残任期間とする。

（役員の職務）
第六条　会長は、本会を代表し会務を総理する。
二　副会長は、会長を補佐し、会長に事故あるときはその職務を代理する。
三　理事は、理事会を組織し会務を執行する。
四　監事は、会計の監査を行う。
（顧問及び参与）
第七条　本会に、顧問及び参与をおくことができる。顧問及び参与は総会の承認を得て会長が委嘱する。
（会　議）
第八条　本会の会議は、総会、理事会及び幹事会とする。
（総　会）
第九条　総会は、毎年一回、五月をめどに開催する。臨時総会は、必要に応じ会長がこれを招集する。
二　総会は、次の事項を決議する。
㈠　事業計画及び収支予算
㈡　事業報告及び収支決算
㈢　規約の改正
㈣　役員の選任
㈤　本会の目的達成上特に必要な事項

（理事会）
第一〇条　理事会は、会長、副会長、理事（監事含む）で組織する。
二　理事会は、会の運営や「フォーラム」の企画づくり等の会務を執行する。
（幹事会）
第一一条　幹事会は、会長、副会長、理事町村の担当部課長をもって構成する。
二　幹事の内、会長所属町村の幹事が幹事長となる。
三　幹事会は、会務を執行する理事会をサポートする。
（入会と退会）
第一二条　第二条の「目的」の趣旨に賛同する団体・個人は、会長に届け出、年会費を納入し入会する。
二　退会は事務局に届け出るものとする。
（会費、会員及び会計年度）

第一三条　団体会費は年二万円とし、個人会費は年五千円とする。会費は指定の口座に振り込むものとする。いったん納入された会費は返還しない。

会計年度は毎年四月一日から翌年三月三一日までとする。

会員は、会の運営・企画に対して意見を述べることができるとともに、「フォーラム」や発表会・交流会等への参加費を割り引くことができる。

（事務局）

第一四条　事務局は、東京都新宿区矢来町一二三　自治体問題研究所、に置く。

（運　営）

第一五条　会の運営は、会費、並びに「フォーラム」・交流会・研究会等の参加費、その他によって賄う。

附　則

この規約は、平成二三年一一月五日から施行する。

全国小さくても輝く自治体フォーラムの会
災害応急対策活動の相互応援に関する協定書（概要）

災害応援対策活動の相互応援に関し、全国小さくても輝く自治体フォーラムの会（以下「自治体フォーラムの会」という。）加入町村で、別掲町村（以下「協定町村」という。）との間で、次のとおり災害応急対策活動の相互応援に関する協定（以下「協定」という。）を締結する。

（目　的）

第一条　この協定は、協定町村の区域内において災害が発生した場合において、協定町村が相互に応援し、その応急対策活動の万全を期すことを目的とする。

（災害の範囲）

第二条　この協定において「災害」とは、災害対策基本法（昭和三六年法律第二二三号）第二条一号に規定する災害及び町村長が特に災害応急対策活動の相互応援の必要があると認める災害をいう。

（相互応援）

第三条　協定町村は、その区域内に災害が発生した場合、相互に応援し、被災した協定町村の応急対策及び復旧対策を円滑に遂行するものとする。

（連絡担当部局）

第四条　協定町村は、災害に備え、連絡を円滑に行うため、常に連絡担当部局を相互に明らかにしておくものとする。

（応援の要請及び方法）

第五条　協定町村は、災害が発生して応援を求めようとするときは、法令その他別に定める場合を除くほか、連絡担当部局を通じ、災害の概要を明らかにして、次の各号に掲げる応援措置の要請をするものとする。

㈠　非常災害時における食糧、飲料水、生活必需品、資器材等の提供

㈡　被災者援護に係る職員の応援及び施設の利用

㈢　被災者の医療・防疫活動における職員の応援、医療品等の提供

㈣　その他特に応急対策活動に必要な措置

（応急措置の履行）
第六条　応援を求める協定町村は、その応援措置が的確かつ円滑に行なわれるよう努めなければならない。
（応援経費の負担）
第七条　応援に要した経費の負担については、法令その他別に定めがある場合を除くほか、原則として被災町村が負担するものとする。
（地域防災計画その他の資料等の交換）
第八条　協定町村は、非常の災害に備え地域防災計画を交換するほか、災害防止の方策について資料情報等を相互に交換するものとする。
（実施の細目）
第九条　この協定に定めのない事項及び疑義が生じた事項については、協定町村が協議のうえ決定するものとする。
附　則
この協定は、平成二四年五月二六日に北海道東川町で開催する自治体フォーラムの会総会の議決を受けてその効力を生じる。

小さくても輝く自治体フォーラム
全国小さくても輝く自治体フォーラムの会のあゆみ

二〇〇二（平成一四）年一一月二七日
呼びかけ人記者会見　東京都
逢坂誠二（北海道ニセコ町長）
根本良一（福島県矢祭町長）
黒澤丈夫（群馬県上野村長）
高橋彦芳（長野県栄村長）
石川隆文（福岡県大木町長）

二〇〇三（平成一五）年二月二二、二三日
第一回フォーラム　長野県栄村
講演「日本の改革をリードする長野県モデル」田中康夫（長野県知事）
講演「もう一つの基礎自治体改革構想」加茂利男（大阪市立大学教授）
ほか　参加者六二〇人

二〇〇三（平成一五）年九月二七、二八日
第二回フォーラム　長野県阿智村
講演「長野県市町村『自律』支援プランについて」田中康夫（長野県知事）
講演「自立のための地域経済を作る」岡田知弘（京都大学教授）
ほか　参加者五七七人

二〇〇四（平成一六）年四月二四、二五日
第三回フォーラム　長野県原村
講演「『信州自治共和国』宣言—多様な自治が輝く『信州』をめざして」田中康夫（長野県知事）
講演「広がる『自立』への真剣な活動」池上洋通（自治体問題研究所主任研究員）
ほか　参加者五二〇人

二〇〇四（平成一六）年一一月二〇、二一日
第四回フォーラム　群馬県上野村
講演「急変する統治機構再編のゆくえとゆたかな小規模自治体の創造」木佐茂男（九州大学教授）
報告「三位一体改革のこれまでとこれからのその対応」平岡和久（高知大学助教授）　森裕之（立命館大学助教授）
ほか　参加者四六六人

二〇〇五（平成一七）年二月一二、一三日
自立（律）プラン実務者交流会　長野県原村
報告「問題提起―自立計画とは何か」初村尤而（大阪自治体問題研究所研究員）
報告「三位一体の改革とこれからの課題」平岡和久（高知大学助教授）
参加者四〇人

二〇〇五（平成一七）年六月四、五日
第五回フォーラム　新潟県関川村
講演「地域経済を豊かにするために何ができるのか」岡田知弘（京都大学教授）
講演「新しい地域経営の考え方」保母武彦（島根大学副学長）
ほか　参加者三三〇人

二〇〇六（平成一八）年一月一四、一五日
第六回フォーラム　福島県矢祭町
講演「合併新法下の市町村合併推進策と矛盾の広がり」岡田知弘（京都大学教授）
講演「小規模自治体から切り拓かれる自治・分権の時代」保母武彦（島根大学副学長）
ほか　参加者一二七八人

二〇〇六（平成一八）年六月二四、二五日
第七回フォーラム　岐阜県白川村
講演「地方交付税改革と小規模自治体への影響」平岡和久（立命館大学教授）　森裕之（立命館大学助教授）
講演「平成大合併とこれからの小規模自治体」小原隆治（成蹊大学教授）
ほか　参加者五〇〇人

二〇〇七（平成一九）年二月三、四日
第八回フォーラム　宮城県綾町
講演「小規模自治体にとって『夕張問題』とは何か」保母武彦（島根大学名誉教授）
講演「地域づくり　もう一つの未来」中嶋信（徳島大学教授）
ほか　参加者四六二人

二〇〇七（平成一九）年六月二三、二四日
第九回フォーラム　香川県三木町
講演「道州制のゆくえと小規模町村をとりまく情勢」村上博（香川大学教授）
分科会　①地域力　②少子高齢化　③講座・小規模自治体財政
ほか　参加者七一九人

二〇〇七（平成一九）年一一月二四、二五日
第一〇回フォーラム　東京都　全国町村会館
講演「農山村の現状と自治体のゆくえ」小田切徳美（明治大学教授）
講演「農山漁村の可能性」内山節（哲学者）
ほか　参加者三〇〇人

二〇〇八（平成二〇）年六月二一、二二日
第一一回フォーラム　長野県下篠村
講演「第二九次地方制度調査会の議論状況と基礎自治体の役割」武田公子（金沢大学教授）
分科会　①地域力　②地域交通　③講座・財政健全化法
ほか　参加者二七九人

二〇〇九（平成二一）年二月七、八日
第一二回フォーラム　埼玉県小鹿野町
講演「『平成の合併』と基礎自治体のあり方」大森彌（東京大学名誉教授）
講演「地方制度改革のいまと小規模自治体の課題」名和田是彦（法政大学教授）
ほか　参加者三五〇人

第一三回フォーラム　三重県朝日町
二〇〇九（平成二一）年六月二七、二八日

講演「これからの地方制度を考える」加茂利男（立命館大学教授）
分科会　①住民の力　②少子高齢化　③講座・財政健全化法と小規模自治体財政
ほか　参加者二〇〇人

第一四回フォーラム　福島県大玉村
二〇〇九（平成二一）年一一月二二、二三日
講演「『地方分権改革』の行方と地方自治・小規模自治体の未来」岡田知弘（京都大学教授）
分科会　①地域の活性化と行政　②保険・医療・福祉　③町村財政
ほか　参加者一六八人

二〇一〇（平成二二）年五月二九日
「全国小さくても輝く自治体フォーラムの会」設立総会　東京都　全国町村会館
講演「新政権と農山村再生」小田切徳美（明治大学教授）
参加者一〇〇人

二〇一〇（平成二二）年九月二五、二六日
第一五回フォーラム　千葉県酒々井町
講演「小規模自治体と地域振興、再生の課題」岡崎昌之（法政大学教授）
分科会　①緑の分権改革　③住民協働　③財政基礎講座
ほか　参加者一九六人

二〇一一（平成二三）年二月二二、二三日
第一回農村と都市との交流研究会　群馬県川場村
助言　山本信次（岩手大学准教授）
参加者三〇人

二〇一一（平成二三）年五月一四、一五日
緊急フォーラム「大災害に小規模自治体はどう立ち向かうか」長野県阿智村
講演「東日本大震災と集落自治の可能性」桒田但馬（岩手県立大学准教授）
報告　菅野典雄（福島県飯館村長）　浅和定次（福島県大玉村長）「岩手・宮城の被災地を訪ねて」平岡和久（立命館大学教授）

参加者五〇人

二〇一一（平成二三）年一一月五、六日
第一六回フォーラム　岡山県奈義町
講演「食からの地域再生—「田舎力」「地元力」を高める食文化」金丸弘美（食環境ジャーナリスト・食総合プロデューサー）
講演「住民がつくる『もうひとつの役場』」安藤周治（NPO法人ひろしまね理事長）
ほか　参加者一六〇人

二〇一二（平成二四）年五月二六、二七日
第一七回フォーラム　北海道東川町
講演「内から輝く自治体をつくる」福原義春（資生堂名誉会長）
ほか　参加者三七〇人

二〇一二（平成二四）年一〇月一五、一六日
「自然エネルギーを活用したまちづくり」研究会　高知県檮原町
講演「地域・まちづくりと産業連関分析」入谷貴夫（宮崎大学教授）
檮原町役場概要説明　施設見学
参加者四〇人

二〇一三（平成二五）年一月三〇、三一日
福島緊急集会　福島県いわき市
講演　遠藤勝也（福島県富岡町長）　馬場有（福島県浪江町長）
原発被災地　富岡町現地調査
参加者五〇人

二〇一三（平成二五）年六月二九、三〇日
第一八回フォーラム　滋賀県日野町
講演「環境・文化と安心・安全な地域づくり—維持可能な内発的発展へ」宮本憲一（元滋賀大学長）
報告「地方自治・道州制をめぐる基本問題と小規模自治体の課題」岡田知弘（京都大学教授）
ほか　参加者三〇〇人

二〇一四（平成二六）年五月二四、二五日
第一九回フォーラム　大分県九重町
講演「町や村を元気にする地元学のすすめ」吉本哲郎（地元学ネットワーク主宰）
分科会　①自然保護のコミュニティづくり　②再生可能エネルギー活用のまちづくり　③農林・畜産業振興と地域づくり　④町村長交流会
ほか　参加者二〇〇人

二〇一五（平成二七）年七月三、四日
第二〇回フォーラム　長野県栄村
講演「合併・人口減少・町村自治」大森彌（東京大学名誉教授）
シンポジウム「小さくても輝く自治体フォーラム運動の果たした役割と成果」「小規模自治体の強みを活かした『地方創生』を全国各地から―「人口ビジョン」「地方版総合戦略」にどう対応するか―」
ほか

二〇一六（平成二八）年七月二二、二三日
第二一回フォーラム　高知県馬路村
講演「地方創生にどう向き合うか」坂本誠（ＮＰＯ法人ローカル・グランドデザイン理事）
分科会　①農業振興　②林業振興　③定住促進・人づくり
ほか　参加者一八七人

二〇一七（平成二九）年七月七、八日
第二二回フォーラム　鳥取県岩美町
講演「人口減少と田園回帰一％戦略」藤山浩（一般社団法人持続可能な地域社会総合研究所所長）
分科会　①観光　②しごとづくりと定住促進　③地域運営組織　④町村長交流会
ほか　参加者一六三人

二〇一八（平成三〇）年七月一三、一四日
第二三回フォーラム　北海道訓子府町
講演「新しい広場をつくる―机上の論理ではない文化による地方創生―」平田オリザ（劇作家・演出家）
分科会　①地域経済の振興　②移住・定住、教育子育て

③文化・芸術　④町村長交流会
ほか　参加者五八〇人

二〇一九（令和元）年一〇月四、五日
第二四回フォーラム　群馬県南牧村
講演「小規模自治体としなやかさ—自治体戦略二〇四〇構想を超えて」白藤博行（専修大学教授）
分科会　①移住・定住　②地域資源活用・地域振興　③都市・農村交流　④町村長交流会
ほか　参加者一二三人

二〇二〇（令和二）年一〇月二日
第二五回フォーラム　Ｚｏｏｍ開催
講演「第三二次地方制度調査会答申と小規模自治体」岡田知弘（自治体問題研究所理事長）
リレートーク「コロナウイルス禍下での小規模自治体の可能性」
ほか　参加者五一人・団体

二〇二二（令和四）年五月一三、一四日
第二六回フォーラム　高知県大川村
講演「四万十のあしもとにあるもの」畦地履正（株式会社四万十ドラマ社長）
分科会　①移住・定住、関係人口創出　②六次産業化・特産品開発　③議会のしくみと活性化　④町村長交流会
ほか　参加者一二三人

二〇二三（令和五）年五月一二、一三日
第二七回フォーラム　千葉県一宮町
講演「合併しない宣言について」根本良一（元福島県矢祭町長）
講演「小さいからこそ輝く自治体」岡田知弘（京都大学名誉教授・京都橘大学教授）
ほか　参加者八一人

あとがき

小さくても輝く自治体フォーラムは、会員である小規模自治体の町村長をはじめ町村議会議員や役場職員など関係者の方々の熱意によって支えられています。もうすでに初期のフォーラムの活動を担った町村長の方々は後進の町村長と交代され、さらに次の世代に引き継がれているケースも多くなっています。それにもかかわらず、二〇年もの間フォーラムの会が続いているのは、「平成の合併」において小規模自治体に合併を迫る強い政治的圧力のなかでも、日本国憲法に明記された地方自治の精神を体現して、自律（自立）を貫いて、現在もその自治の精神が引き継がれてきたことがあります。そして、毎回の交流集会での学び合いがフォーラムの会を魅力的なものにしてきました。

本書の第五章で、岡田知弘・前自治体問題研究所理事長によるフォーラム運動についての詳しい紹介がなされています。力強く豊かなフォーラム運動が実現したことについては、第一回フォーラムの呼びかけ人であり、フォーラム開催自治体の長であった故・高橋彦芳・栄村村長（当時）とフォーラムの会初代会長であった故・前田穣・綾町町長（当時）が残した功績は多大なものがあります。高橋彦芳さんは「実践的住民自治」を提唱され、国の補助金に頼らない農民主導による小規模ほ場整備である「田直し」、同じく補助金に頼らない集落内道路の整備である「道直し」、高齢者の介護を集落の身近な住民が担う「下駄履きヘルパー」などに取り組まれました。また、栄村振興公社を中核とした循環型経済づくりにも力を入れました。いずれも農山村の地域づくりと行財政運営のあり方を指し示すモデルとなるものであり、多くの小規模自治体にとって指針となるものでした。

前田穰さんは、宮崎県綾町の町長を二九年間つとめられ、郷田實前町長が進められた有機農業の町を引き継ぎ、発展させるとともに、ユネスコエコパークへの登録を実現させるなど、数々の実績をあげられました。綾町の地域づくりは、栄村などとともに農山村の内発的発展のお手本の一つと言えます。前田さんは包容力と実行力を兼ね備えたリーダーとして、フォーラムの会を導いていただきました。

お二人のご尽力とご指導に感謝するとともに、心より哀悼の意を表します。

本書ではフォーラムに集う五つの町村による実践的な取り組みも紹介されています。そこで暮らす町民が地域資源を深く理解・再発見しながら取り組む「文化観光のまちづくり」（千葉県酒々井町）、森林資源を活用した地域内経済循環の取り組み（群馬県上野村）、自治会単位の自主的な健康づくりと専門職によるサポート（鳥取県岩美町）など、いずれも優れた実践です。

また、小規模自治体における「人を育てる力」に注目した多様な取り組みも紹介されています。地域ぐるみで子育てを進めている岡山県奈義町、子ども自らの生きる力を育むための「子育ち」支援に取り組む上野村、地域と高校が連携した取り組みを進める千葉県一宮町、といった取り組みです。これらは小規模自治体ならではの良さをよく体現した事例です。

神野直彦・東大名誉教授が最近書かれた本に、『財政と民主主義―人間が信頼し合える社会へ』（岩波新書、二〇二四年）があります。この本のなかで神野さんは、人間をかけがえのない人間として育てていこうとする政策と「手段としての人間」を増強するための「子ども・子育て支援」とでは内容が異なると指摘します。神野さんが主張するような、子どもを主体ととらえて、子どもたちが望む環境整備とサービスを提供するという点では、上野村や奈義町をはじめフォーラムに集う小規模自治体の取り組みとは共鳴し合うものがあると感じます。

近年の新型コロナ禍においてフォーラムの会の運動に新たな指針を示されたのが、前東川町の町長松岡市郎さんが提唱された「適疎」という言葉と考え方です。「適疎」とは過疎でも過密でもなく、ほどよく疎な状態にある地域の状態を指します。松岡さんによれば、「適疎」は、仲間、空間、時間という三つの「間」を共有でき、仲間と楽しい時間を同じ空間で過ごすことができるような地域であり、「対話」と「支え合いの輪」、そして「融和」という三つの〝Ｗａ〟がある地域です。また、松岡さんは、「適疎」に価値を付け加えるのは文化・芸術だとし、実際に自治の取り組みのなかで文化・芸術に力を入れてこられました。

小規模自治体のような「適疎」な地域では、人と人とのほどよい関係性のなかで、住民に近い役場などの公共部門による環境整備やサービスの提供に支えられながら、人が豊かに育ち、生きて、交流し合い、地域資源を磨いたり、文化・芸術を創造したりすることをつうじて、持続可能で豊かな地域がつくられていくのです。

小規模自治体の優れた取り組みの底流にあるのは「平成の合併」をはじめ小規模自治体の自治を掘り崩してしまうような集権化の動きに対して抗ってきた自治の精神と地域に対する誇りでしょう。デジタル集権化や地方自治を侵害する法改正の動きに抗いながらも小規模自治体同士の交流と連帯を継続し、互いに学び合いながら住民の幸福のための取り組みを進めているという点で、今後も本フォーラムの運動は貴重なものであるし、さらなる発展を期待したいとおもいます。

二〇二四（令和六）年四月八日

全国小さくても輝く自治体フォーラムの会　顧問　平岡和久

執筆者一覧

小坂泰久　発刊にあたって　全国小さくても輝く自治体フォーラムの会会長
　　　　　　　　　　　　　酒々井町長

平岡和久　第一章　全国小さくても輝く自治体フォーラムの会顧問
　　　　　あとがき　自治体問題研究所副理事長
　　　　　　　　　　立命館大学教授

水谷利亮　第二章　全国小さくても輝く自治体フォーラムの会顧問
　　　　　　　　　下関市立大学教授

中島正博　第三章　成蹊大学教授

朝岡幸彦　第四章　全国小さくても輝く自治体フォーラムの会顧問
　　　　　　　　　白梅学園大学特任教授

岡田知弘　第五章　自治体問題研究所顧問・前理事長
　　　　　　　　　京都橘大学教授

黒澤八郎　第六章　全国小さくても輝く自治体フォーラムの会副会長
　　　　　　　　　上野村長

酒々井町総務課政策秘書室　第七章

田中善洋　第八章　千葉県立一宮商業高等学校教諭

奥正親　第九章　奈義町長

岩美町健康福祉課　第一〇章

編者

全国小さくても輝く自治体フォーラムの会
自律（立）をめざす小規模自治体の交流、行政実践の内外へのアピールなどを目的とし、二〇一〇（平成二二）年五月設立。

自治体問題研究所
地方自治に関する諸問題の調査と研究を行うと同時に、成果を普及することを目的とし、一九六三（昭和三八）年三月設立。

住民に身近だからこそ輝く自治の軌跡

二〇二四年五月一〇日　初版第一刷発行

編　者　全国小さくても輝く自治体フォーラムの会
　　　　自治体問題研究所
発行者　長平　弘
発行所　株式会社　自治体研究社
　　　　郵便番号　一六二―八五一二
　　　　東京都新宿区矢来町一二三
　　　　矢来ビル四階
　　　　電　話（〇三）三二三五―五九四一
　　　　ＦＡＸ（〇三）三二三五―五九三三
　　　　E-mail:info@jichiken.jp
　　　　https://www.jichiken.jp/
印　刷
製　本　モリモト印刷株式会社
ＤＴＰ　赤塚　修

ISBN978-4-88037-765-0 C0031

自治体研究社の出版物

小さい自治体　輝く自治
――「平成の大合併」と「フォーラムの会」――
全国小さくても輝く自治体フォーラムの会
自治体問題研究所　編　定価一八七〇円

「平成の大合併」時代に自律（自立）の道を選択した小さな自治体が、全国的なネットワーク「全国小さくても輝く自治体フォーラムの会」に参加。住民、自治体が力を合わせて進めた、住み続けられる地域づくりの実践を紹介する。

地域資源入門
――再生可能エネルギーを活かした地域づくり――
大友詔雄　著　定価三五二〇円

太陽エネルギー、風力エネルギー、水力エネルギー、バイオマスエネルギーなど、地域資源・再生可能エネルギーの全体をまとめた日本初の書籍。自治体、市民にとって再生可能エネルギー導入に役立つ具体的な取組方法と事例付き。

地域居住とまちづくり
――多様性を尊重し協同する地域社会をめざして――
中山　徹　編　定価三五二〇円

日本の諸都市をはじめ、中国、イギリス、カナダ、デンマーク、モンゴル、さまざまな場所で、住まうことの豊かさを求める市民の暮らし、活動を興味尽きない図版、写真を多数駆使して伝え、「まちづくり」のあり方を考える。

基礎から考える社会保障
――私たちの生活を支える制度と仕組み――
村田隆史　長友薫輝　曽我千春　編　定価二九七〇円

私たちはどのような社会に暮らしているのか、生活を支える仕組みを考える。社会保障のあゆみ、制度、機能を基本理念に基づき解説し、現状を年金・医療・介護・労働保険、障害者福祉、子ども家庭福祉、公的扶助の各論から示す。